네덜란드 개혁교회의 자녀양육

## The Duties of Parents

# 네덜란드 개혁교회의 자녀양육

**지은이**  야코부스 꿀만

**옮긴이**  유정희

**펴낸이**  김종진

**초판 발행**  2019. 7. 18.

**초판 2쇄**  2021. 3. 26.

**등록번호**  제2018-000357호

**등록된 곳**  서울특별시 강남구 선릉로107길 15, 202호

**발행처**  개혁된실천사

**전화번호**  02)6052-9696

**이메일**  mail@dailylearning.co.kr

**웹사이트**  www.dailylearning.co.kr

책값은 뒤표지에 있습니다.
ISBN 979-11-966781-2-8 03230

개혁된
실천
시리즈

자녀양육의 개혁된 실천

# 네덜란드 개혁교회의 자녀양육

## THE DUTIES OF PARENTS

야코부스 꿀만 지음

유정희 옮김

개혁된실천사

# 차례

# 네덜란드 개혁파 문헌 발간사

후속 종교개혁(*The Nadere Reformatie*, '네덜란드 제2 종교개혁'이라고도 함)은 17세기와 18세기의 영국 청교도주의와 역사적, 영적 발전의 궤를 같이한다. 잘 알려진 '에클레시아 레포르마타 셈페르 레포르만다'(*Ecclesia reformata semper reformanda*, 교회는 항상 개혁되어야 한다)라는 표어는 후속 종교개혁의 교사들에게서 유래된 것이다.

　후속 종교개혁의 지지자들은 16세기 종교개혁의 교리적, 교회적 개혁과 지속적 교회 개혁에 대한 헌신을 지칭하기 위해 이 표어를 사용했다. 그들은 이미 개혁된 교리를 다시 변경하려고 한 것이 아니고, 오히려 종교개혁에서 정립된 교리에 바탕을 둔 경건의 삶을 발전시켜, 결과적으로 삶의 모든 영역에 영향을 미치고자 하였다.

　네덜란드 학자들은 후속 종교개혁에 대한 정기 학술지에서 이 운동을 다음과 같이 정의했다.

네덜란드 제2(혹은 후속) 종교개혁은 산 믿음의 변질 내지 결여에 대한 반발로 17세기와 18세기 동안 네덜란드 개혁교회 내부에서 일어난 운동으로, 믿음과 경건의 개인적 체험을 그 핵심으로 한다. 후속 종교개혁은, 실질적이고 절차적인 개혁 플랜을 마련하여, 이것을 합당한 교회적, 정치적, 사회적 기구에 제출하고, 교회, 사회, 국가 차원에서 말과 행위를 후속적으로 개혁하여 그런 개혁 플랜을 달성하고자 했다.

개인적, 영적, 교회적, 사회적 개혁의 프로그램을 심화시키기 위해, 후속 종교개혁의 저술가들은 개신교 역사에 있어 최고로 꼽히는, 가장 심오한 몇몇 문헌들을 저술했다. 더욱이, 17세기의 네덜란드 개혁파 경건은 개혁파 정통주의의 뿌리에서 자라났는데 그 창시자와 주창자 중에는 몇몇 박식한 정통 신학자(히스베르투스 푸치우스, 페테르 판 마스트리히트, 요하네스 호른베이크 등)들을 포함하고 있었기 때문에, 후속 종교개혁의 저작들에는 독일의 루터파 경건주의자에게서 볼수 있는 신학과 경건 사이의 반목의 증거가 전혀 나타나지 않는다. 오히려 후속 종교개혁의 지지자들은 신학과 삶뿐만 아니라 교리와 경건의 균형을 제공하는데, 이는 교회 역사상 유래가 없는 사실이다.

후속 종교개혁은 대개 영어로 된 1차 자료가 부족하다는 이유로 영어권에서 간과되어 왔다. 후속 종교개혁 초기의 저술가인 쟝 따팽과 빌럼 떼일링크의 저작들은 16세기 후반과 17세기 초반에 영어로 번역되었으나, 이 오래된 번역본들은 최근 들어서 그 모습을 찾아볼 수 없다. 더욱이 푸치우스와 호른베이크 같은 유명한 교의학자나 떼오도루스 아 브라켈, 야코부스 꿀만, 요도퀴스 판 로덴슈타인, 빌헬무스 스꼬팅위스, 호데프리두스 우더만스 같은 유명한 목회자들의 저작의 많은 부분이 아직까지도 번역되지 않은 채로 남아 있다. 두 권은 예외인데, 알렉산더 꼼리의 《ABC of Faith》는 1978년에 영국에서 처음으로 출간되었고, 빌헬무스 아 브라켈의 《Christian's Reasonable Service》는 영어로 번역되어 1992-1995년에 네 권으로 나뉘어 출간되었다.

우리 협회에서 발간하는 시리즈 서적들은, 네덜란드 독자들이 애정을 담아 "옛 작가들"이라 부르는 이 사람들의 저작들이 더 많이 번역될 필요가 있음을 보여 준다. 이것은 또 오늘날 제자 훈련과 영성을 강조하는 현상에 대한 중대한 성경적, 역사적 통찰력을 제공한다.

우리 편집자들과 번역자들은, 현대의 독자에게 다양한 저자들의 글과 삶을 소개하며 이 활발했던 운동의 대표적 저작들을 번역하여 제공한다. 네덜란드인들이 수많은 영국 청교도 서적들을 모국어로 번역하여 읽으면서 유익을 얻었던 것처럼 후속 종교개혁 운동과 관련된 서적들을 통해 누구라도 유익을 얻을 수 있도록 목사들과 신학자들뿐 아니라 평신도 독자들을 염두에 두고 네덜란드 개혁파 서적들을 발간한다.

네덜란드 개혁파 문헌 번역협회를 대표하여,
_조엘 비키, 제임스 A. 데 용, 리차드 멀러, 유진 오스터헤이븐

# 서문

●

●

야코부스 꿀만은 네덜란드 역사상 특별한 시기에 살았다. 그는 30년전쟁이 한창이던 1632년에 위트레흐트에서 태어났고, 그가 16세가 되어서야 전쟁은 끝났다. 하지만 몇 년 후에는 영국과 두 차례의 무역 전쟁이 있었고, 그 황폐한 나라에 프랑스가 침입해 오기도 했다. 몇십 년 동안 네덜란드에는 전쟁과 불안이 계속되었다.

또한 그가 살았던 시기는 발견과 발명의 시대, 예술적 활동과 과학적 진보의 시대, 네덜란드 상인과 해군이 명성을 떨치던 시대, 모든 면에서 상업 활동이 왕성하던 시대였다. 경제가 발전하고 자재를 생산하고 획득하는 일에 관심이 높아졌다. 그의 일생 동안, 네덜란드는 가난하고 분열된 지역으로부터 부유한 세계적 강국으로 발돋움했다.

그때 종교적 자유를 추구하던 수많은 외국인들이 역동적인 성장을 구가하던 네덜란드로 이주해 온 것은 이상한 일이 아니었다. 그들 중에는 솜씨 좋은 기술공들, 프랑스 출신의 위그노파 목사 250명, 여러 분야의 학자들, 그밖의 유럽 지도자들이 포함되어 있었다. 르네 데카르트, 베네딕트 스피노자, 피에르 베일도 네덜란드에서 살았다. 존 로크는 전성기의 일부를 암스테르담, 위트레흐트, 로테르담에서 보냈고, 헝가리 사로스파탁에 개혁신학교를 세워 유럽 전역에 이름을 떨친 유명한 교육자 존 아모스 코메니우스가 1656년에 암스테르담에 와서 생의 마지막 14년을 보냈다.

꿀만에 의하면, 그 나라의 부, 명성, 해상 주도권, 상업적인 힘은 또한 가장 위험한 요소였다. 왜냐하면 전례 없는 성공이 영원한 것에서 일시적인 이익으로, 하나님을 섬기고 그리스도 안에서 사는 것에서 물질의 축적과 쾌락으로 눈길을 돌리게 했기 때문이다. 비록 그의 부모나 그의 어린 시절에 대해 알려진 바가 없지만, 꿀만이 일찍부터 이런 영적인 신념을 키워 왔다는 사실은 알려져 있다.

위트레흐트 대학의 설립자인 히스베르투스 푸치우스는 꿀만에게 큰 영향을 미쳤다. 꿀만은 그의 탁월한 재능과 신앙심으로 인해 그리고 1655년에 23세의 나이로 박사학위를 받은 것으로 인해 명성을 얻었다. 재능 있는 작가이자 어학자인 그는 곧 비슷한 사상을 가진 영국과 스코틀랜드 작가들의 여러 책들을 최초로 네덜란드어로 번역했다. 그의 첫 번째 번역서인 《영과 육의 갈등*The Conflict between Flesh and Spirit*》은 그가 평생 동안 견지했던 영성에 대한 그의 높은 관심을 엿볼 수 있게 해준다.

꿀만은 1657년부터 1662년까지 코펜하겐과 브뤼셀의 네덜란드 대사관에서 목사로 섬겼고, 그 후 제일란트 주의 슬라위스에서 목회를 하다가, 1675년 여러 가지 문제들에 대해 강한 견해를 내세워 떠날 수밖에 없게 되었다. 그후 로테르담, 암스테르담, 위트레흐트에 살다가, 잠깐 리우와덴에서 지내면서 친구인 빌헬무스 아 브라켈의 교회에서 설교를 했다.

브라켈, 푸치우스 등 '후속 종교개혁(*Nadere Reformatie*)'의 다른 지도자들처럼, 꿀만은 유혹과 죄, 은혜로 얻는 구원, 천국과 지옥, 기도의 능력에 대한 성경의 가르침들을 진지하게 받아들였다. 그는 인간이 '본성적으로 하나님과 이웃을 미워하는 성향이 있다'는 하이델베르크 교리문답에 동의했고, 하나님과의 관계를 회복하려면 근본적인 변화가 필요하다는 가르침을 받아들였다.

죄와 지옥을 크게 강조하는 그의 태도는 오늘날 많은 사람들에게 그렇듯 그 시대의 '존경할 만한 사람들'에겐 충격이었을 것이다. 그는 또한 자녀들에게 선택과 유기에 관한 하나님의 영원한 뜻, 불신자들의 잘못, '특정 죄들'을 피하는 법, 기타 그가 열거한 많은 것들에 대해 말해주어야 한다고 믿었다. 여기에는 운에 맡기는 게임, 사람이 만든 축일, 주일에 놀거나 물건을 사는 일, 미묘한 것들을 지나치게 중시하는 것, 음식을 너무 많이 먹거나 과도한 수면으로 시간을 낭비하는 것 등이 포함된다.

그는 부모들에게 "부와 세상 물질들을 경멸하는 태도로 말함으로써 자녀들이 세상의 것들을 사랑하거나 귀히 여기지 않게 하라"

고 충고했다. 이는 존 칼빈과 다른 입장이다. 칼빈은 그런 충고를 '지나치게 가혹한', '비인간적인 철학'으로 간주했고, 꽃, 향기, 금, 은, 상아, 아름다움, 좋은 음식은 하나님의 선물로 인정하고 즐겨야 한다고 주장했다.

위와 같은 극단적인 견해들, 예를 들면 도르트 총회의 승인을 받은 기도문 외에는 공식적인 기도문들을 거부한 것, 의심스럽거나 죽은 정통을 따르는 사역자들을 반대한 것, 교회 일에 대한 정부의 개입을 비난한 것 등으로 인해 그는 친구들을 잃었고, 마침내 그가 목회하던 슬라위스에서 회중 앞에 서지 못하게 되었다. 그러나 그 어떠한 반대도, 개혁을 심화시켜 교회를 돕고자 한 그의 운동을 단념시키지 못했다. "전 세기의 교리 개혁은 좋았다. 지금 필요한 것은 영적 생활이 더 깊어지고, 신앙고백을 하는 모든 그리스도인들의 경건한 행위가 온 나라에 영향을 미치는 것이다"라고 그는 주장했다. 다른 사람들처럼 그도 참된 개혁교회는 결코 현재 상태에 만족할 수 없으며 항상 개혁해야 한다고 믿었다. *'ecclesia reformata semper reformanda est*(개혁된 교회는 항상 개혁되어야 한다)'라는 슬로건이 꿀만과 후속 종교개혁 운동에 함께한 그의 동료들에게서 유래한 것이 아니라 할지라도, 그들이 그 슬로건을 사용한 것은 틀림없다.

꿀만의 몇몇 견해들은 너무 엄격하고, 그의 몇몇 충고들은 오늘날 다소 지나친 것처럼 보이는 것이 사실이다. 이 책 속에도 기도하는 100가지 이유같이 읽기 따분한 부분들이 있다. 그러나 이 책 속에는 건전한 조언들이 많다. 모든 시대에 유익하지만, 특히 역기능적인 가정, 편부모 가정, 규율 없이 자란 아이들의 문제를 안고 있는 우리 시대에 유익한 조언들이다.

꿀만이 강조하는 것 중에는 오늘날 우리 사회를 향한 메시지가 많다. 즉, 자녀들에게 부모가 최고의 관심을 기울이고 있음을 알게 하는 것의 중요성, 사려 깊고 애정이 담긴 훈련의 필요성, 좋은 학교의 필요성, 자신의 가장 큰 책임을 인식하고 있는 좋은 교사들의 필요성, 자녀들에게 하나님과의 관계와 그들의 영원한 행복이 모든 양육과 훈계의 목적임을 가르치는 것 등이다. 어떤 조언들은 많은 독자들에게 익숙할 것이다. 즉, 그들은 자신이 처한 환경—네덜란드, 노르웨이, 핀란드, 영국, 독일, 기타 어느 나라든지—속에서 그런 말을 들은 적이 있을 것이다.

비범한 사역자, 야코부스 꿀만은 44권의 책을 썼고, 수십 권의 책을 번역했다. 그의 가장 유명한 작품인 이 책은 개혁주의 영성과 교육학 분야의 고전으로 알려지게 되었다.

_유진 오스터헤이븐M. Eugene Osterhaven

ÆTATIS XLVI
Anno 1679.

야코부스 꿀만(1632-95)

# 네덜란드판 서문에서 발췌한 글

●

●

이 책의 저자인 야코부스 꿀만은 짐작건대 많은 독자들에게 익숙한 인물일 것이다. 그는 빌럼 떼일링크, 히스베르투스 푸치우스, 요도 퀴스 판 로덴슈타인과 함께 후속 종교개혁의 저명한 지도자로 알려져 있다. 꿀만은 그의 수많은 저술과 그의 삶을 통해 당대와 후대에, 심지어 지금 시대에도 영향을 미쳤다. 그의 삶과 업적을 여기에 순서대로 간단히 정리해본다.

## 꿀만의 생애

꿀만은 1632년 네덜란드 위트레흐트에서 태어났다. 그의 유년 시절이나 그의 부모에 관해서는 알려진 바가 거의 없다. 하지만 위트레흐트신학대학교의 신학생으로서 그는 일찍이 명석함과 경건함으로 정평이 난 인물이었다. 그는 대학에서 푸치우스 교수의 지도를 받으며 확고하게 푸치우스파가 되었다. 꿀만은 일평생 그 사상을 견지했다. 그는 1655년에 철학을 주제로 한 논문으로 박사 학위를 취득하고 그로부터 1년 후에 신학 과정을 완수했는데, 이것은 그가 명석한 두뇌의 소유자였음을 입증해준다. 그때 이미 그의 경건이 형성되었다는 사실은 그가 크리스천 러브의 책,《육신과 성령의 갈등*The Conflict between Flesh and Spirit*》을 번역한 데서 여실히 드러난다. 영국 및 스코틀랜드 작가들의 작품에 대한 그의 사랑은 젊었을 때부터 이미 유별났다.

꿀만은 1657년부터 1662년까지 먼저는 코펜하겐에서, 후에는 브뤼셀에서 파견 설교자로 사역했다. 1662년 초에는 오늘날 플랑드르 제일란트로 불리는 슬라위스에서 개혁파 회중을 섬겼다. 당시 그곳은 네덜란드 의회의 직접 통치를 받는 의회 영토 중 하나였다.

1675년까지 꿀만은 슬라위스에서 많은 복을 누리며 사역을 할 수 있었다. 이곳에 창궐한 여러 대중적인 악덕들은 그로 하여금 후속 종교개혁을 강력하게 옹호하는 사역을 하게 만들었다. 푸치우스파 설교자인 꿀만은 특히 목사의 소명에 지나치게 개입하던 정부와 충돌했다. 푸치우스파의 올바른 관점에서 봤을 때, 교회와 주(州)정부는 지나치게 긴밀한 관계를 맺고 있었다. 또한 정부가 정통 신학을 가졌는지 의심스러운 목사들을 처리하는 데 굼뜨거나 심지어 그들을 옹호하였기 때문에 정통파 사역자들과 정부의 마찰은 금방 확산되었다.

꿀만의 경우 한 가지 면모가 더 있었다. 그는 그가 보기에 "사람이 만든 축일"인 크리스마스, 부활절, 승천절, 새해 첫날(이것은 그에게 로마 가톨릭을 연상시켰다)을 지키는 것에 타협 없는 반대를 하였다. 그는 '공식적 기도문'에는 더욱 완강하게 반대했다. 그는 도르트 회의가 채택한 공식적 기도문에는 강한 찬성을 표시했지만, 이러한 기도를 회중 앞에서 빈번히 부적절한 태도로, 기계적으로 후다닥 읽어버리는 것에 대해서는 찬성하지 않았다. 이것은 교회 예배가 "너절한 루틴"으로 타락한 이유 중 하나였다.

꿀만은 초기에 로테르담에 살았으나 형편이 어려워지자 암스테르담으로 거처를 옮겼다. 전 덴마크 대사관 출신이자 암스테르담 시장인 콘라트 판 뵈닝헌은 그를 보호해주었다. 그는 이곳에서 수많은 경건 서적과 기타 저작들을 저술하는 작가이자 번역가(주로 영어에서 네덜란드어로 번역)로 발돋움했다.

그는 고향인 위트레흐트에서 인생의 말년을 보내며 저술과 번역 활동을 이어나갔다. 꿀만은 총 67권의 책을 출간했는데, 그 중 44권은 직접 저술했고, 23권은 번역한 것이었다. 그러므로 그는 후속 종교개혁의 가장 생산적인 지도자 중 한 명이라고 불리기에 손색이 없다. 그의 영향력은 특히 작가로서의 저작에 있었다.

### 후속 종교개혁

앞서 우리는 꿀만을 후속 종교개혁의 대표적인 지도자로 소개했다. 이 운동의 목적은 무엇이었을까? 여기서 그 대답을 장황하게 늘어놓을 생각은 없다. 왜냐하면 이 주제에 대한 문헌은 곳곳에서 쉽게 접할 수 있기 때문이다.

요약하면, 후속 종교개혁은 개혁파의 교회에서 시작한 영적 운동으로, 깊은 흔적을 남겼다. 교리 개혁의 연장선상에서, 나라 전체에 유익을 줄 참된 경건의 삶을 분명히 정의하는 것은 개혁의 심화에 있어 필수적이었다. 개혁된 교회는 전에 없이 더욱 새롭게 개혁되어야 했다! 이런 측면에서 후속 종교개혁 운동은 17세기에 점점 확산되어 가던 죽은 정통에 대한 반작용이었다. 그 당시에 교리는 정통이었지만 삶의 양식은 불행하게도 느슨하고 천박한 삶이 너무나 쉽게 확산되었다.

본서는 이 운동의 맥락에서 바라보아야 한다. 이 맥락에서 우리는 사람들을 경건의 실천으로 이끌 거룩한 열정을 지닌, 사람들의 죄에 맞선 선견자를 만나게 된다. 더욱이 이것은 꿀만이 17세기 후반부(second half)에 저작을 쏟아냈음에도 불구하고, 그가 '후속 종교개혁의 첫 번째 국면'에 온전히 속한 사람이었음을 의미한다. 나중에 이 운동은, 특히 18세기에 들어서, 점점 개인의 영적 생활과 관련한 내면화로 특징지워져 갔으며 나라 전체를 대상으로 한 강력한 호소는 거의 자취를 감췄다.

꿀만은 작은 규모의 많은 저술 활동을 하다가 1678년에 개혁의 심화(further reformation)를 위한 "프로그램"을 공개한다. 특히《교회와 교회에 관련한 것들, 그리고 네덜란드 개혁교회의 신앙고백자들에 관한 필수적인 개혁의 요점들》이라는 책을 출간했다. 그는 특별히 개혁의 심화를 위한 대지침 12가지를 교회에 제공했다. 본서는 이 중 열 번째 지침인 가정에서 종교적 실천을 행할 의무를 다룬다.

그렇다면 이것을 염두에 두고 가정이라는 영역으로 들어가보자. 꿀만은 이미 1679년에《하나님을 위해 자녀를 양육하는 부모의 의무》라는 아주 흥미로운 책을 출간했는데, 이 책은 가정의 영역을 다룬다. 꿀만이 그의 방대한 저작을 통해 개혁의 심화의 필수성을 광범위하게 해설해 놓았음에도 불구하고, 그 장편의 시리즈 중에서 이 교육적 논문이 첫 번째로 출간되는 것은 주목할 만하다.

### 부모의 의무

이 중요한 책에 대해 이야기하겠다. 본서는 16세기에서 17세기에 쓰여진 자녀양육에 관한 몇 안 되는 개혁주의 서적이라는 점에서 의미가 있다. 이 주제를 전체적으로 또는 부분적으로 다룬 책은 불과 몇 권밖에 되지 않는다. 예를 들어《영적인 유아 교육 Geestelijcke Queeckerije》(1621 발간, 요한 데 스와에프 저)라는 책을 들 수 있다. 그 책에서 저자는 "신앙을 기초로 하나님의 말씀을 따라 하나님의 영광과, 국가의 공익과, 교회의 안녕과, 자녀의 구원을 위해 자녀를 양육"하기 위한 지침들을 전하고 있다. 1655년에 암스테르담 설교자인 페테르 비테브롱헐은《하나님의 순전한 말씀의 법도에 따라 다스려지는 오이코노미아 크리스티아나, 기독교 가정》이라는 책을 출간했다. 이 책은 윤리적 행위를 위한 포괄적인 지침서이다. 즉 자녀양육뿐 아니라 삶 전체를 다루는 책이다. 하지만 부모와 자녀의 상호 의무에 좀 더 중점을 두었다. 자녀의 의무는 '공손한 경외심', '순종', '감사하는 마음'으로 요약된다. 부모는 '어린 자녀들을 양육하는' 책임을 맡고, 그들이 '성인'이 될 때까지 '점진적인 훈련'을 시켜야 할 의무가 있다.

더욱이 비테브롱헐은 개혁가들이 자녀양육의 교리를 어느 학문 분야로 구분하기 원하는지 알려준다. 즉 그들은 이를 윤리학의 한 분야로 보고 있으며, 이 학문 분야를 'theologia practica(실천신학)'라고 지칭했다.

이 17세기 저술들을 볼 때, 특히 꿀만이 쓴 책을 볼 때 주의할 점이 있다. 그의 책을 현대적 의미의 자녀양육 이론으로 생각하면 안 된다는 것이다. 즉 교육학적 행동에 관해 기초가 잘 잡힌 전체적 체계라고 생각하지 않도록 해야 한다. 이 저술들의 가장 중요한 면 중 하나는 인간의 본성과 운명에 관한 그들의 관점이다. 떼일링크의 저작의 제목인《의롭게 지음받고, 타락하고, 새로 지음받은 아담》이 이를 간단히 설명해준다. 아이에 대한 별도의 관점은 없다. 성인이 어떠하면 아이도 어떠하다. 아이 역시 타락한 상태로 존재하며 반드시 새로 지음받아야 한다.

이에 더해, 이미 우리가 비테브롱헐의 저작에서 주목했듯이, 윤리학의 분야 중에는 제5계명을 특별히 언급하면서 구체적으로 십계명을 다루는 분야가 있다.

마지막으로 논할 것은 자녀양육의 목적을 실현하는 방법이다. 이를테면 체벌, 훈련, 칭찬, 본을 보이기 등이다. 우리는 이 책을 통해 기독교 자녀양육의 진리를 발견하게 될 것이다.

## 본서의 구조

먼저 "부모와 교사들에게 전하는 심각한 메시지"라는 제하의 메시지가 나온다. 꿀만은 이미 여기에 자녀양육에 대한 자신의 주요 생각을 기록해 놓았다. 이는 잠시 후에 보도록 하겠다. 본서는 열 개의 장으로 구성되어 있다. 각 장은 총 282개의 "규칙들"로 구성되어 있다. 대부분은 간략하지만, 아주 긴 것도 있다. 기도에 관한 장인 제6장의 제170번 규칙이 그러하다.

하지만 더욱 중요한 것은, 부모의 의무에 관한 꿀만의 논문이 3부작 중 제1권이라는 것이다. 전체 저작의 제목이 《또한 3부로 된 교리 문답, 그리고 어린 나이에 죽은 경건한 아이들의 스무 가지 사례들》인 것을 보면 분명해진다. 그는 의무 부분에서 "3부로 된 교리문답"에 대해 특히 자주 언급한다. 그는 그 작품을 하나의 유닛으로 생각하는 것이 분명하다.

이런 이유로 꿀만이 애초에 기획한 대로의 전체 저작을 출간할 수 없어 유감스러울 따름이다. 그러나 본서는 교리문답과 스무 가지 사례들보다 일찍 출간되어 세상의 빛을 보기 시작했다.

더욱이 그의 교리문답은 네덜란드어판으로 볼 수 있어서 보충될 수 있다. 3부작 중 나머지 두 권에 관해서 하고 싶은 말이 많지만, 본서에 집중하도록 한다.

## 자녀양육의 목적

꿀만이 이 책을 쓰면서 염두에 둔 목적은 무엇이었을까? 간단히 말하면, 그것은 부모들에게 자녀를 경건한 삶으로 인도하는 아주 중요한 임무를 인식시켜주기 위함이었다. 꿀만의 '경건의 실천에 관한 교리문답'에서, 우리는 이에 관한 매우 포괄적인 정의를 발견한다.

"경건한 사람들은 영원한 언약 안에서 하나님께 온전히 헌신하고 전심으로 자신을 내어드린 사람들이다. 그들은 그리스도께서 자신을 계시하신 대로 그를 온전히 받아들이며, 그리스도 안에서 하나님을 사랑하고, 겸손하고 거룩한 생각을 품으며, 자신을 부인하고, 죄를 죽이고, 하나님의 은혜에 감사하고, 마음과 삶으로 순종한다. 실제로 그들은 모든 인간을 사랑하고, 심지어 원수도 사랑하며, 특히 그의 경건하고 거룩한 공동체를 사랑한다. 또 하나님의 말씀을 그들의 양식이자 삶과 행동의 원칙으로 여기며, 집 안이나 밖에서 할 수 있는 한 선한 일을 하려고 열심히 노력한다. 유혹에 저항하며, 스스로 죽음을 준비한다. 이 모든 것이 영적 생명의 단순한 원리에서 나오는 것이다."

어린이들을 비롯한 모든 인간은 결코 그들 자신 안에서부터 이런 속성들을 드러내지 않을 것이 분명하다. 아무리 사랑스러운 어린아이라도 거듭나야 하는 '기형적인' 피조물인 것이다. 오직 선택받은 자만이 하나님의 은혜로 구원받는다. 부모들과 교사들도 어린아이들과 마찬가지로 거듭남, 믿음, 회개를 스스로 이룩할 수 없다.

하지만 그렇다고 교육자들과 어린이들이 아무 일도 하지 말아야 한다는 뜻은 아니다! 반대로, 꿀만과 그의 동료들은 부모들에게 그들의 자녀를 경건하게 기르고, 생명과 회심, 성화의 길로 인도하라고 촉구했다. 엄밀히 말해서 어린아이는 본성적으로 천벌을 받아야 마땅한 불쌍한 피조물이기 때문에, 부모는 자녀들의 영혼 구원을 위해 열심히 애써야 한다. 그들은 자녀들이 어릴 때부터 자신의 영혼의 비참한 상태에 관심을 가지도록 하고, 그들의 상태가 매우 심각함을 깨우쳐주어, 자신의 타락한 본성을 느끼고 뉘우치도록 해야 한다. 그들이 스스로 자신을 비참한 상태에서 구원할 수 없고 오직 그리스도를 바라보고 그에게 굴복함으로 구원을 받아야 한다는 것을 배워야 하는 것이다.

부모들과 교사들은 이 과정에서 하나님의 동역자로 간주되어야 한다. 인간적으로 말해서, 어린아이들은 부모로 말미암아 이 세상에 태어났고 그들로부터 원죄를 이어받았으므로, 부모들은 책임이 막중하다. 바로 그렇기 때문에 부모들은 매우 진지하게 자녀들을 설득하여 회개와 경건한 삶에 이르도록 해야 한다. 부모들은 그것을 위한 자신들의 수고를 '은혜의 역사가 현실적으로 나타나게 하려는' 노력으로 여길 수 있다.

따라서 부모들은 자녀들과 대화하고, 미덕과 의무의 중요성을 깨우쳐주고, 주변 세상과 책들 속에서(예를 들면, 꿀만이 이 책에 포함시킨 '열두 가지 예'가 있다) 경건한 모범들을 보여주어야 한다.

이 세상에서는 믿음의 열매가 나타나지 않는 한 어떤 어린아이가 선택을 받았는지 안 받았는지 아무도 모른다. 하지만 바로 그렇기 때문에, 낙담하거나 주저앉아서는 안 된다. 오히려 우리는 한 어린

아이의 영혼 구원을 위해 온 힘을 다해 기도하고 노력해야 한다.

### 마치면서

이 선지자적 인물이 아직 잊혀지지 않았다는 사실은 참으로 기쁜 일이다. 그러나 그것이 끝이 아니다. 이 책의 6장에서 꿀만은 기도에 관한 포괄적 논문을 포함시키고 있다. 마음에서 우러나오고 성령의 역사로 이루어지는 참된 기도의 능력을 여기서 꿀만은 힘있게 강조했다. 이처럼 꿀만은 주님만이 인간의 삶과 생각의 중심에 서 계셔야 하며 그분과의 생생한 관계에 기반해서 참된 경건을 실천해야 한다는 메시지를 부모들에게 그리고 그들을 통해 자녀들에게 전하는 것을 그의 특권으로 여겼다.

하나님께서 이러한 목적을 위해 이 책을 사용해 주시기를 바란다.

_브레그만C. Bregman

# 부모와 교사들에게 전하는 심각한 메시지

•

•

이 책에서 나는 주님을 위해 그리스도인다운 태도를 갖추도록 자녀들을 교육하는 방법들과 규칙들을 제시하였고, 그들을 구원하는 주님의 방법을 이야기했다. 이를 위해서 나는 설교자들보다 더 자주 아이들을 접하는 부모와 교사들이 아이들의 영혼에 유익한 것을 잘 추구할 수 있도록 이 주제에 관한 짧지만 중요한 말을 전하는 일이 반드시 필요하다고 생각한다.

먼저 이 일에 가장 중요한 책임을 맡고 있는 아버지와 어머니들에게 말하겠다. 이 일은 당신 자신의 영혼 구원을 추구하는 일 다음으로 하나님이 당신에게 맡기신 가장 중요한 의무인 만큼, 나는 당신에게 이것을 하라고 주의 이름으로 명령할 권리가 있지만, 기도하는 심정으로 간청할 것이다. 내가 부모들에게 진지하게 요청하고 간청하는 것은 주님을 위해 자녀를 기르고, 이를 위해 어떠한 노력과 수고도 아끼지 말라는 것이다. 그러면 세상 모든 일이 형통하고 만족을 줄 때보다 훨씬 더 큰 기쁨과 평안을 얻게 될 것이다.

자녀를 신실하게, 그리고 성공적으로 양육해낸다면, 자녀의 영혼이 복을 받음으로 인해 그 어떤 부유함보다 더 큰 기쁨을 얻게 될 것이다. 또한 세속적인 목적을 위해 하는 어떤 일보다 자녀를 양육하는 일에 주의 은혜가 임할 것이다. 자녀들이 영원한 은총 속에서 살게 될 것이며 하나님의 보좌 앞에서 그들을 만나게 될 거라는 분명한 징후와 표적들을 자녀들 안에서 발견하게 될 때 얼마나 기쁠지 상상해보라. 그들이 저주받은 자들과 함께 하나님으로부터 거절당하여 영원한 형벌을 받는 일이 없을 거라고 생각해보라. 이것이 작은 일인가? 당신 영혼의 구원이 당신에게 중요한 관심사이며, 당신이 그것을 큰일로 여긴다면, 자녀의 구원을 세상에서 경험할 수 있는 가장 큰 즐거움보다 더 우선시해야 한다.

만일 당신이 자녀가 세상에서 명예를 얻고 칭송받는 것을 보고 기뻐하고 있다면, 자녀들의 삶에 나타난 증거들을 보고 그들이 영원한 유업을 받기 위해 인치심을 받았으며, 그리스도의 지체이고, 성령의 처소임을 믿고 확신할 수 있을 때 얻는 만족이 천 배는 더 크지 않겠는가? 자녀들이 하나님과 그리스도의 영원하고 측량할 수 없는 사랑을 받고 있다는 사실을 알게 될 때, 그들이 얼마나 사랑스럽겠는가! 그들이 하나님의 친 백성이며, 하나님의 아들과 딸이요, 하나님의 형상과 영광과 생명으로 아름답게 빛나며, 또한 그들이 하나님께 나아가 진실하게 고백하고, 사랑하고, 믿고, 마음으로 그를 섬길 때, 그들의 영혼 위에 하나님의 신적 본성이 새겨진 것을 보게 되면 그들이 얼마나 사랑스럽겠는가! 그들은 지금 하나님의 은혜로, 본래 타고난 것보다 더 많은 사랑스러움과 영광을 무한히 소유하고 있기 때문에 당신은 전보다 훨씬 더 그들을 사랑하게 될 것이다.

당신에게서 태어난 자녀들이 평생 주님을 섬기고 나중에 영광 중에 그리스도와 함께 영원히 살게 될 거라고 생각하면 얼마나 기쁘겠는가! 주께서 그들의 하나님이 되시고 유업과 삶의 목적, 태양과 방패가 되어주시기로 약속하셨다는 사실을 알 때, 자녀들의 외적 상황에 대해 얼마나 마음이 편안해지겠는가! 그들이 하나님의 은혜로운 보호를 받고 있다는 것을 알 때, 당신이 바랄 수 있는 것보다 더 많은 것을 그들을 위해 해주실 수 있고 또 그렇게 해주실 유일하신 분이신 거룩하신 아버지의 돌봄을 받고 있다는 것을 알 때, 그들에게 부족한 것이 있을까봐 염려하지 않을 것이다. 하나님께서 그들을 자기 몸처럼 아끼시는데, 그들에게 양식이나 옷, 또는 보호가 부족할 거라고 상상할 수 있겠는가? 그들이 하나님의 크고 귀한 약속의 상속자들일진대 하나님께서 그들을 보호하시고 모든 일이 그들에게 유익하도록 해주시지 않겠는가? 들의 백합화도 입히시고 어린 새들도 먹이시는 분이 자기 자녀들에게 약속하신 몫을 주시지 않겠는가? 그들에게 자기 아들도 주신 분이 그와 함께 모든 것을 주시지 않겠는가?

자녀들 안에서 이런 것들을 볼 때 얼마나 평안하고 기쁠 것인가! 그들의 삶을 통해 위로와 평안을 얻게 될 것이다. 비록 당신이 외적인 면에서 평범하고 세상적인 기준에서 물려줄 것이 전혀 없다 하더라도, 그들은 당신을 사랑하고 존경하고 순종하고 섬길 것이라는 확신을 얻을 것이다. 이 모든 것은 그들이 당신의 자녀이고 하나님의 인도로 이런 의무들을 받아들였기 때문이며, 특히 당신 자신이 신실한 모습을 보여주었고 그들의 영혼의 상태에 관심을 가졌기 때문이다.

그들은 평생 당신을 위해 뜨겁게 기도할 것이며 자기 자신 다음으로 당신의 몸과 영혼의 건강을 구할 것이다. 당신이 늙었거나 병들고 궁핍할 때 그들은 정말 열심히 당신을 위로하고 도와주려 할 것이다. 그들은 당신에게 말할 수 없는 애착을 가질 것이며 당신의 안녕을 위해 최선을 다할 것이다.

반면에, 자녀들이 주님을 사랑하거나 주님께 사랑받고 있는 흔적을 나타내 보이지 않을 때 얼마나 고통스럽고 마음이 아프겠는가! 당신의 눈이 열려 회심하지 않은 자의 비참한 상태를 볼 수 있다면, 영원히 버림받고 마귀들 가운데 있게 되며 하나님의 존전에서 쫓겨날 거라는 신호를 자녀들 안에서 보게 될 때, 얼마나 가슴이 찢어지겠는가. 그들이 오직 육신을 위해 살고 자신의 타고난 본성대로 살며 따라서 짐승들과 마귀들이나 다를 바 없는 것을 볼 때 얼마나 괴롭겠는가! 주의 진노와 공정한 심판이 임하는 날까지 자신의 머리 위에 진노를 쌓으며 모든 삶을 통해 하나님을 비웃는 그 모습을 보고 얼마나 마음이 아프겠는가. 당신의 성화된 자기 사랑으로 자극받아 자녀양육에 관한 당신의 의무를 다하기를 바란다.

하지만 또한 당신은 세상의 다른 누구보다 더 자녀들에게 영적인 유익을 줄 좋은 기회가 많다는 사실을 알아야 한다. 당신은 그들과 자주 접하므로, 그들의 잘못과 실수, 부패한 모습을 지켜볼 수 있다. 이런 잘못들에 대해 적절한 수단을 사용하여 최대한 애정을 담아 이야기할 수 있고, 그들을 새롭게 가르치면서 당신의 훈계가 바라는 효과를 얻었는지 살필 수 있다. 또한 그들에게 좋은 본을 보일 수 있다. 그밖에도 그들이 아주 어릴 때부터 당신은 세상의 다른 누구보다도 그들에게 큰 영향력과 힘을 행사할 수 있다. 그들에 대한 당신의 권위는 자연적인 것이며, 논란의 여지도 없기 때문이다.

당신은 그들을 올바른 방향으로 이끌고 징계하는 능력을 가지고 있다. 솔로몬이 말했듯이, 이 행위에 대한 축복이 약속되었고 보장되었다. "아이의 마음에는 미련한 것이 얽혔으나 징계하는 채찍이 이를 멀리 쫓아내리라"(잠 22:15). 자녀들은 그들이 처리해야 하는 모든 일에서 당신을 의지한다. 이는 지금도 그렇고 앞으로도 그럴 것이다. 따라서 당신의 말에 귀를 기울이고 당신을 기쁘게 하려는 경향이 있다.

당신을 향한 그들의 자연적인 사랑은 다른 누구를 향해서도 가질 수 없는 사랑이다. 따라서 그들은 당신의 말에 더 주의를 기울이고 당신에게 더 마음을 열 것이다. 당신이 그들을 사랑하며, 다른 누구보다 더 그들의 행복을 원한다는 사실을 알기 때문이다. 또 그렇기 때문에 그들은 당신의 영적 훈계를 그들에 대한 사랑에서 나온 것으로 받아들일 수 있다.

당신은 처음부터 그들과 함께 지내므로, 그들이 가장 여리고 유순하고 다루기 쉽고 당신의 지시에 반항하는 경향이 가장 적을 때 좋은 영향을 미쳐야 한다. 세상 어느 누구도 당신만큼 그들에게 큰 영향을 미칠 수 없으며 선한 열매를 기대할 수 없다. 또한 당신이 양육과 거룩한 가르침의 의무를 다하여 자녀들의 내면에 은혜의 역사가 활발하게 일어나면 당신은 하나님께 쓰임받는 복된 도구가 될 것이며, 이를 통해 하나님의 행복한 동역자가 될 것이다.

자녀들 안에서 중생의 은혜를 볼 뿐 아니라, 당신의 가르침이 하나님의 축복을 받아 자녀들이 위로부터 거듭나게 하는 하나님의 도구가 되는 것을 볼 때 특별한 큰 기쁨이 있을 것이다. 당신이 그러한 도구가 될 때, 자녀들은 하나님으로부터 모든 선한 것들을 받아 누릴 것이고, 교회나 국가나 어느 곳에서든지 그것을 체험하고 영원히 즐거워할 것이다.

그러므로 바라건대 이 점에서 수고를 아끼지 말아야 한다. 이것은 아버지와 어머니 모두에게 해당한다. 왜냐하면 하나님은 둘 다에게 그것을 요구하시기 때문이다. 자녀들을 하나님께 인도하고, 평생 어떻게 주님을 섬겨야 하는지 가르쳐야 한다. 그들은 당신의 것이기 이전에 하나님의 것이다. 하나님은 그들의 창조자이자 구원자이실 뿐 아니라 그들의 주인이시다. 세례를 통해 당신은 그들을 하나님께 바쳤다. 당신은 그들을 하나님의 자녀로, 육신과 세상과 마귀가 아닌 하나님을 섬기고 하나님을 위해 살도록 양육하겠다고 엄숙하게 서약했다.

그들이 인침을 받은 언약은 믿음과 회개를 요구한다. 그러므로 당신은 신령한 것들에 대한 지식 안에서, 믿음과 경건을 위해 그들을 양육해야 하지 않겠는가? 당신이 하나님 앞에서 거짓 서약한 것이 되길 원하지 않으며, 세례식에서 하나님께 자녀들을 바친 것을 안타까워하지 않는다면, 양심을 따라 자녀들을 바르게 양육하라.

하나님이 지정하신 모든 적절한 방법으로 자녀들의 구원을 위해 힘쓰라. 그들을 악에서 돌아서게 하고 모든 선행을 격려하라. 자녀들은 당신에게서 원죄를 물려받았다. 그것은 나병, 담석, 신장결석, 기타 당신에게 물려받았을 그 어떤 유전적 체질보다 천 배는 더 나쁘다. 그러므로 자녀들이 영혼의 의사이신 예수 그리스도의 손에 굴복하도록 이 일에 최선을 다하는 것이 공평하다. 그들에게 그리스도를 가르치고, 권하고, "어린 아이들이 내게 오는 것을 용납하라"(눅 18:16)고 말씀하신 그리스도께 데리고 가라. 그분은 당신의 자녀들을 축복하시고 얼싸안으실 것이다!

자녀들을 인자하게 대하라. 그들은 어릴 때부터 죄의 몸을 다루어야 하며, 여러 가지 면에서 사탄과 세상과 육신에 속아 지옥으로 이끌려 갈 수많은 위험에 노출되어 있다. 부디 그들을 보호하라. 그들은 많은 유혹을 당하며, 그것들에 대해 어떻게 무장해야 할지, 어떻게 저항해야 할지 모른다. 그들은 하나님의 진노를 받고 지옥으로 떨어질 끔찍한 위험에 처해 있으며, 어떻게 평강에 이를 수 있는지, 중재자를 어떻게 대해야 하는지 모른다. 그들은 그들의 내면에 부패의 힘을 지니고 있으며, 그것이 얼마나 치명적인 것인지, 또 그것을 어떻게 죽이고 진압해야 하는지 모른다.

태어날 때부터 사형선고를 받은 그들의 불멸의 영혼을 가엾게 여기고, 생명과 영원한 삶을 가져오신 복된 구주를 소개하라. 그들이 반드시 필요한 진리와 의무들을 모르고 지내도록 내버려두지 말고 그들을 불 가운데서, 지옥의 불길에서 구해내야 한다. 그들은 본성적으로 이미 어느 정도 그 안에 빠져 있다. 그들이 영원한 고통을 당하지 않도록 보호하고 천국의 유업을 받도록 준비시키는 일에 최선을 다하는 것이 부모로서 할 일이다. 뒤로 물러나지 말라. 만일 당신이 사랑 많고 하나님을 경외하는 부모라면, 특별히 여기서 그것을 나타내 보여야 한다.

많은 부모들이 마음은 있지만 어떻게 하면 지혜롭게 이 일을 할 수 있는지 모른다. 그들은 몇 가지 단순하고, 거의 쓸모없는 일들에 신경을 쓴다. 즉 자녀들에게 많은 양의 짧은 기도문들과 몇 가지 질문과 답들을 암기하게 하고, 불순종이나 거짓말, 고집 등 어린 시절에 특징적으로 나타나는 결함들을 꾸짖는 것이다. 또한 자녀들을 공예배와 교리문답 수업에 데리고 가지만, 나머지 시간에는 무엇을 해야 할지 모른다. 이것이 바로 내가 하나님의 말씀에 따라 하나님을 위해 자녀를 양육하는 많은 규칙들을 분명하고 간단하게 기록한 이유이다. 마음을 굳게 먹고 이 규칙들에 따라 자녀들 안에 진리에 대한 지식과 경건의 실천을 심어주라고 말하고 싶다.

내가 자녀가 16살이나 18살이 될 때까지 가르쳐야 할 모든 부분을 빠짐없이 담고 있는 좋은 교리문답서를 알고 있다면, 당신이 들고 있는 다른 교리문답서를 빼앗길 주저하지 않을 것이다. 하지만 내가 아는 바로는 어느 것도 경건의 실천에 특별히 초점을 맞추지는 않는다. 살더뉘스 목사가 쓴 《아이들의 학교*Kinderschool*》라는 소책자가 있지만 이 책은 사실상 경건 실천의 기본 교리에 해당하는 내용을 거의 담고 있지 않다. 그런 이유로 나는 판 리데루스의 《가정을 위한 매일 교리문답*Daaglijkse Huyscatechisatie*》을 모델로 하여 3부로 된 교리문답서를 직접 만들기 원했다. 이것은 독자들에게 내가 무언가 특별한 일을 하고 있다는 생각을 심어주려는 것이 아니다. 나는 남들이 이미 수백, 수천 번 이야기한 것을 말하고 있는 것뿐이다. 다른 이들이 지은 교리문답서들은 나의 도움과 길잡이가 되어주었다. 나는 이 작업을 하며 하이델베르크 교리문답을 그다지 참고하진 않았다. 왜냐하면 웨스트민스터 소요리문답이 모든 면에서 훨씬 뛰어나기 때문이다. 우리는 이것이 명백한 사실임을 정직히 인정해야 한다. 영국과 스코틀랜드 교회가 그들의 교회 질서에 공식화한 것들과 하나님의 말씀에 일치하는 더욱 명확한 다른 공식 문서들을 네덜란드 교회가 기꺼이 배우고 그로부터 많은 것을 얻는다면 좋을 것이다.

내가 교리문답서를 3부로 나누어 저술하는 가장 큰 이유는, 그렇지 않으면 규칙의 양이 너무 방대해져 효율적이지 못하게 될 것이기 때문이다. 어쨌든 당신은 자녀들에게 기초 교리와 경건의 실천 사항을 암기시켜야 하며 자녀들이 배우고 기억한 것을 그들의 심령에 새겨야 한다. 나는 나의 현재의 방법을 따르지 않고는 이렇게 할

## HET KINDJE GEDRAAGEN.

Waar word de liefde meê beloond,
Als dat men wederliefde toond.

### 아이를 안아 옮기는 부모

기꺼이 사랑을 보이는 곳마다
거기서 사랑은 돌아온다.
그러한 사랑은 인간의 친절함으로
어린아이를 돕고 축복한다.
오 사랑이신 주님, 주께 우리 시작이 있습니다.
주는 우리의 아버지로서 우리를 불쌍히 여기십니다.
그리고 주의 팔로 우리를 모으사
우리를 천국의 복락으로 데려가십니다.

수 없다. 이 방법을 따른다면 이것이 유용한 방법이라는 것을 알게 될 것이다. 그러나 만약 더 포괄적이고 분명한 방법을 발견한다면 그 방법대로 하라. 결국 우리의 목적은 우리 자녀들을 천국과 하나님을 위해 양육하는 것이다.

둘째, 교사들에게 말하고 싶다. 당신은 이 일을 통해 부모와 똑같은 의무를 완수해야 한다. 하나님이 당신에게 맡기신 임무와 당신에게 그토록 멋진 기회를 주신 목적을 잘 이해하고 있다면, 기독교학교의 파수꾼으로서 기쁨으로 자신의 일을 담당할 것이다(필자는 교회 학교 교사를 염두에 두고 있기보다는 그 당시에 아이들을 기독교적으로 교육하던 학교 교사를 염두에 두고 있음—편집주). 그리스도인 자녀들을 돌보고, 그들의 영혼이 창조주를 알아가고 거룩한 그리스도인의 생활양식을 찾아가도록 돕는 것이 당신의 일이다.

그들은 편견과 오랜 습관으로 죄 안에서 완고해지기 전에 어린 나이에 당신의 손에 맡겨진다. 그들은 아직 쉽게 휘어지는 어린 가지들이다. 그들은 아침부터 저녁까지 당신과 함께 있다. 그들은 당신에게 순종해야 하며 당신의 훈계를 따라야 한다. 따라서 한창 호기심 많고 아직 자신의 지혜를 높이 평가하지 않을 때 그들을 가르치는 당신은 그들에게 큰 영향을 미칠 수 있다. 그러므로 당신의 직분이 요구하는 가장 궁극적인 목표를 향해 나아갈 것을 부탁한다. 그것은 공적인 직업적 소명을 위해 청소년들을 준비시킴으로써 하나님을 기쁘시게 하고 영화롭게 하는 것, 창조주를 사랑하고 섬기는 마음을 길러주는 것, 그들의 구원이 심화되게 하는 것, 이 땅에서 그들의 안녕을 증진시키는 것이다. 이 과정에서 그들의 영혼을 위해 해야 할 일에 소홀하거나 무관심해서는 안 된다. 최대한 잘 돌보고, 진리와 경건의 기본 교리를 부지런히 가르쳐야 한다. 단순히 몇 가지 교리문답을 암기시키고 끝내지 말고, 그들이 제대로 이해하고 있는지 확인해야 한다. 마음으로 기도하는 법을 가르치고, 매일 즉흥적인 기도로 그들을 인도하는 것이 중요하다. 그들의 영혼의 상태에 대해 자주 이야기하고, 죽음과 심판, 부활, 지옥, 천국에 대해 진지하고 친근하게 이야기하여, 그들의 양심을 자극하고 당신이 말하는 내용의 중요성을 깨닫게 해야 한다. 나는 이 기회에 당신이 활용할 수 있는 자료들과 방법들을 제공하려 한다. 나는 학교 교사들 사이에 이 일에 대한 관심과 경건의 실천이 있기를 진심으로 바란다. 그러나 불행히도 지금은 가장 타락한 상태다. 목사가 당신에게 필요한 많은 규칙들을 직접 정해주고 가장 빈번히 나타나는 결함들을 지적해주어야 할 필요가 있다.

적어도 당신이 하나님과 그분께 받은 소명을 향한 진실한 마음을 갖고 있다면, 이 책을 훌륭한 지침서와 안내서로 평가해주기를 바란다. 나는 이 교리문답과 사례들[1]이 다른 많은 책들에 우선해서 학교에서 가르쳐지기를 소망한다.

---

1. 꿀만은 부모의 의무에 관한 부분에 더하여 3부로 된 교리문답과 어린 나이에 죽은 경건한 어린이의 스무 가지 사례들이라는 부분을 포함시키고 있으나 이 책에는 포함되지 않음.

# 1장
# 출산을 앞둔 부모들을 위한 규칙

이 장은 임신과 출산을 앞둔 부모들, 그리고
태어난 자녀들을 올바로 양육할 준비를 하고 있는
부모들을 돕기 위한 경건과 믿음의 규칙들을 담고 있다.

●

●

1. 결혼할 계획이 있다면, 어리석고 경솔하게 결혼하여 스스로 덫에 걸리는 일이 없도록 열심히, 지속적으로 하나님께 기도해야 한다. 그 덫들은 결코 제거할 수 없거나, 나중에 아주 어렵게 제거해야 하는 것들이다. 하나님께서 그의 섭리대로 기꺼이 당신을 결혼으로 인도하신다면, 당신 자신과 배우자, 하나님이 주실 자녀들을 하나님을 위해 바침으로써 그 안에서 하나님을 영화롭게 하도록 기도해야 한다. 하나님이 능력 있고 헌신적인 동반자를 주시도록 기도하라. "집과 재물은 조상에게서 상속하거니와 슬기로운 아내(그리고 슬기로운 남편)는 여호와께로서 말미암느니라"(잠 19:14)고 했다. 따라서 신실한 성도들은 결혼 전에 하나님께 간구하였다(창 24:12,50; 28:2-4). 이것은 매우 중요한 문제다. 일반적으로 결혼은 평생 단 한 번 있는 일이기 때문이다.

2. 무슨 일이 있어도 참된 신앙이 없는 사람과는 결혼하지 말아야 한다. 믿지 않는 자와 멍에를 같이 메면 안 된다(고후 6:14). 하나님은 그의 백성들이 가나안 사람들과 혼인하지 못하게 하셨다(신 7:3). 또 한 하나님은 그의 백성들이 이방 신의 딸과 결혼했다고 책망하셨으며, 동시에 "이 일을 행하는 사람에게 속한 자는 여호와께서 야곱의 장막 가운데서 끊어버리시리라"(말 2:12)고 경고하셨다.

같은 장에서 하나님께서 말씀하셨듯이 우리는 '경건한 자손'을 얻기 위해 노력해야 한다(15절). 그러나 믿지 않는 자와 결혼했을 때 그렇게 될 가능성은 거의 없다. 자녀들은 보통 더 나쁜 쪽을 따라가기 때문이다(대하 22:3). 게다가 신명기 7장 4절, 느헤미야 13장 26절에서 분명히 알 수 있듯이, 참된 신앙에서 멀어지면 여러 가지 곤경에 빠지게 된다. 따라서 모든 사람은 이 문제에서 하나님의 권고를 무시하지 않도록 조심해야 한다. 이 규칙을 지키지 못하면 다음에 나오는 그 어떤 규칙도 별 소용이 없을 것이다.

3. 경건하지 못하고, 육적이고, 세속적이고, 허영심이 강한 사람과는 결혼하지 말아야 한다. 만일 그런 사람과 결혼한다면 그것은 주 안에서 하는 결혼이 아니며, 사도가 명백히 금하는 것이다(고전 7:39). 그런 배우자는 모든 선한 의무들을 이행하는 데, 특히 하나님을 위해 자녀를 양육하는 데 장애물이 될 것이다. 미모와 재산, 집안 같은 것보다는 하나님을 경외하는 마음, 경건, 은혜 등을 더 열심히 추구해야 한다.

4. 만일 당신의 생각이나 기대와는 달리 배우자가 거듭나지 않았

고 은혜를 받지 못한 것을 알게 된다면, 그의 회심을 위해 온 힘을 기울여야 한다. 그를 위해 열심히 기도하고, 온갖 사랑스러운 방법들로 그를 설득하여 참된 신앙으로 인도해야 한다. 남편과 아내가 둘 다 하나님을 경외하지 않고, 둘 중 한 사람이 영적인 사람이 아닐 경우, 하나님을 위해 자녀를 양육하는 일이 제대로 되지 않는다는 것은 모든 면에서 증명되었기 때문이다. 한 사람이 세우는 것보다 다른 한 사람이 무너뜨리는 경우가 더 많다. 그리고 자녀들은 보통 날 때부터 더 나쁜 쪽 부모의 말을 듣는 경향이 있다.

5. 당신이 초혼에서 얻은 자식들이 있다면 재혼할 때 특히 더 신중해야 한다. 의붓아버지나 의붓어머니들의 사랑은 친부모의 사랑만큼 크지 않다. 적어도 은혜가 이 자연적인 애정의 결핍을 충분히 보충해주지 않으면, 정말 수고를 아끼지 않고 온유하게, 그리스도인답게, 그리고 경건하게 자녀를 양육할 수 없다.

6. 기도로 부부의 침소를 거룩하게 하라. 바울이 말했듯이 부부의 침소를 더럽히면 안 된다(히 13:4). 모든 것이 말씀과 기도로 거룩해져야 한다. 디모데전서 4장 5절과 고린도전서 10장 31절에 따르면, 먹든지 마시든지, 또는 무엇을 하든지 모든 일을 하나님의 영광을 위해 해야 하며, 따라서 부부의 동침도 이 명령에서 제외될 수 없다. 또한 이 맥락에서 특별히 하나님을 인정하고, 경외하고, 경배해야 한다. 그는 태의 문을 열고 닫으신다(창 16:2; 30:22; 삼상 1:5). 시편 저자가 말했듯이 자녀는 여호와의 기업이요, 태의 열매는 그의 상급이다(시 127:3; 삼상 1:12). 그러므로 이삭과 한나가 기도했던 것처럼 겸손

히 여호와께 그 기쁘신 뜻대로 자녀를 선물로 달라고 구해야 한다 (창 25:11; 삼상 1:12). 또한 사람들은 특히 자녀를 갖는 것을 두려워하거나, 자녀를 갖지 않기 위해 무언가를 하거나, 하나님이 결혼의 열매를 풍성케 하사 자손의 축복을 주실 때 슬퍼하는 일이 없도록 조심해야 한다.

7. 아내가 임신한 것을 알게 되었다면, 함께 진지하게 기도하되, 안전한 분만을 위해서만이 아니라, 그 자녀가 거룩하게 되기를 위해서도 기도하며 모든 일에 주께 감사하라. 이것은 그리스도 예수 안에서 당신을 위한 하나님의 뜻이기 때문이다. 자녀가 태어나기 전에 먼저 하나님을 향해 태어날 수 있다. 예레미야나 세례 요한이 어머니의 뱃속에서부터 거룩하게 되었던 것처럼 말이다(렘 1:5; 눅 1:15). 그 때 세례는 후속적인 은혜를 집행하는 수단이요, 인(seal)이 될 것이다. 이러한 은혜들을 하나님께 구하고 기대할 수 있는 것이 그리스도인 부모의 특권이므로, 부모들의 기도의 열매로 이러한 은혜들이 주어질 때 가장 바람직하고 위안이 된다. 결국 솔로몬이 그 어머니 밧세바에게 약속의 자녀이었던 것처럼 자녀는 약속의 자녀이어야 한다(잠 31:2). 밧세바가 "내 아들아, 내 태에서 난 아들아, 서원대로 얻은 아들아!"라고 말한 것에서 알 수 있듯이, 그녀는 그 아들의 존재와 생명, 영육 간의 강건함을 위해 많이 기도했고, 하나님께 서원했으며, 그를 위해 감사제를 드렸다.

8. 어머니는 먹는 것, 격한 감정을 품는 것, 또는 다른 여러 가지 면에서 자기 몸 속에 있는 자녀의 신체적인 건강에 해를 끼치지 않

도록 각별히 조심해야 한다. 하나님은 특히 이것에 주의를 기울이시며, 우리가 이 문제에 관해서 양심적으로 하나님을 기쁘시게 하려고 노력하기를 원하신다. 다윗이 말한 것처럼 하나님께서 그 아이를 어미의 태에서 은밀하고 신비롭게, 그리고 땅의 가장 깊은 곳에서 기이하게 지으셨으니(시 139:13-15), 우리는 그분의 작품을 손상시키지 않도록 각별히 주의해야 한다.

천사가 마노아와 그의 아내에게 말하기를, 임신한 동안 포도주나 독주를 마시지 말라고 했다(삿 13:4, 14). 그녀는 절제하며 자신과 아이를 잘 돌보아야 했다. 임산부가 영양과 감정 상태, 신체적 활동 등에 관하여 조심하지 않으면 태내에 있는 아이에게 큰 해가 된다. 이것은 하나님을 분노케 하며, 불행과 질병을 가져온다. 그것은 또한 태아에 대한 자연적인 모성애와 반대되는 일이다.

9. 자녀가 태어났을 때, 어머니가 기력이 있고 할 수 있다면 직접 젖을 먹여야 한다. 이것은 자식에 대한 사랑이 필요한 일이며, 어머니와 자식 간의 사랑을 더 풍성하게 해준다(벧전 2:2). '순전한' 젖을 무척 사모하는 신생아에게는 그것이 단연 최고다. 그것을 위해 하나님은 어머니에게 젖이 가득한 두 개의 유방을 주셨다. 만일 어머니가 별 이유없이 젖을 말린다면 그녀는 하나님의 섭리의 역사를 망치는 것이며, 하나님을 분노케 하는 것이다. 자연의 가르침은 그와 정반대다. 들개 같은 비이성적인 동물들도 젖을 내어 새끼를 먹인다(애 4:3). 젖먹이는 복은 특히 바람직한 것이다(창 49:25). 마른 젖은 저주로 간주되었다(호 9:14). 사라 같은 왕비도 자기 아들에게 젖

을 먹였다(창 21:7). 다윗과 그리스도도 어머니의 젖을 빨았다(시 22:10; 눅 11:27). 성경에서 하나님을 경외하는 어머니가 자녀들에게 젖을 먹이지 않은 예는 하나도 볼 수 없다. 그리고 성경에서 자녀들을 위해 둔 '유모들'(창 24:59; 35:8; 삼하 4:4)은 나오미가 룻의 자녀를 돌본 것처럼 젖을 먹이지는 않고 돌보는 일만 했을 가능성이 크다(룻 4:16). 유모는 어머니가 분만할 때 죽었거나 어떤 이유로 젖을 먹일 수 없을 때 고용되었다.

10. 자녀가 태어나면 그들이 어릴 때 하나님의 은혜 언약의 교제에 참여하게 하고 기독교 세례를 받게 해야 한다. 다윗이 말한 것처럼 그들이 모태에서 나올 때부터 주께 맡긴 바 되어 주님이 그들의 하나님이 되시도록 해야 한다(시 22:10). 하나님이 당신과 후손들의 하나님이 되시기로 당신과 자녀들과 더불어 언약을 세우시기 때문이다. 그 약속은 당신과 당신의 자녀들을 위한 것이다(창 17:7; 행 2:39). 그러므로 그들을 따로 구별하여 하나님께 바치는 것이 마땅하다. 참된 회심으로 진실하게 하나님과 당신의 언약을 새롭게 하고, 그 자녀들이 하나님 앞에서 은혜 언약에 참여하는 자들로서 살아가도록 간절히 기도하라. 주 예수님은 부모들에게 어린 자녀들을 자신에게 데려오라 명하셨고, 또한 천국이 그들의 것이라고 말씀하셨다. 예수님은 어린이들에게 손을 얹고 축복하셨다(마 19:13-15; 막 10:13-16; 눅 18:15-16).

그러므로 그들이 첫 번째 아담 안에서 죄에 참여하게 되었듯이, 두 번째 아담이신 그리스도 안에서 은혜에 참여할 수 있는 자들로서 은혜 언약의 인침을 받도록 인도해야 한다. 비록 그들이 아담이나 그리스도에 대해 아직 모르더라도 상관없다. 구약성경(은혜의 특권이 더 작았을 때)에서 하나님이 생후 8일째 된 유대인 자녀들에게 믿음으로 된 의를 인치는 할례(창 17:2; 레 12:3; 롬 4:11)를 집행하게 하신 것처럼(이제는 그 대신 세례를 받게 되었다; 골 2:11-12) 똑같이 해야 한다. 그들을 공적으로 그리스도께 인도하여, 그리스도께서 그들을 그의 피로 씻으시고 그의 영으로 정결케 하시게 해야 한다. 어린 자녀들도 당신과 마찬가지로 구주이신 그리스도가 필요하기 때문이다. 그들은 죄의 원리들을 쉽게 받아들이듯이, 은혜와 새 생명의 원리를 쉽게 받아들일 수 있다. 그리스도의 영을 받을 수 있고, 그와 연합하여 축복을 받을 수 있다. 따라서 그들은 이 성례를 그들에게 유익 되게 받을 수 있다.

11. 당신은 하나님과 교회 앞에서 자녀를 진리와 경건함으로 기르겠다고 공적으로 서약하기만 하면 되며, 대부나 대모를 세워서는 안 된다. 그것은 하나님께서 축복하시지 않은 인간적인 제도이며, 교황 정치에서 온 것으로 매우 미신적으로 사용되고 있기 때문이다. 하나님은 무엇이 유익하고 무엇이 필요한지 완벽하게 알고 계시며, 이런 쓸데없는 의식은 하나님이 명령하신 것도, 본을 보이신 것도 아니다. 때로는 피상적인 믿음을 갖고 있거나, 무지하거나, 세상적이고, 무익한 친구들을 화나게 하지 않고 예의를 지키기 위해 어쩔 수 없이 그런 미신적인 의식에 참여해야 한다고 생각하는데, 그런 경우에 더더욱 이 말씀을 적용해야 한다. 당신이 할 수 있는 일은 경건하고, 신중하고, 신앙심 깊은 친구들이나 지인들에게 당신이 사는

## DE LOOPWAGEN.

Vereiſt de zwakheid leunen,
God geeft zyn onderſteunen.

### 걸음마

연약해서 도움이 필요할 때
하나님은 붙잡아주기 위해 가까이 계신다.
마찬가지로 어린이는 말을 배우기 전에
보조장치를 이용하여 걷는 법을 배워야 한다.
그렇게 하나님은 우리에게 힘을 주신다.
우리는 약하며
우리 힘으로는 지옥에 떨어지겠지만
이제 우리는 천국을 향한 길을 걷는다.

동안과 죽은 후에 자녀들의 영혼에 관하여 신실하고 진심어린 돌봄과 도움을 부탁하는 것이다. 자녀들의 재산과 토지에 대해 후견인을 세우는 것처럼 말이다.

12. 세례식을 행할 때 자녀들에게 긍정적인 의미가 담긴 좋은 기독교 이름을 주는 것이 좋다. 그것은 그 이름이 가리키거나 상기시키는 미덕들을 추구하도록 그들을 자극할 수 있다. 또는 덕망 높고 본받을 만한 사람의 이름을 따서 지어주는 것도 바람직하다. 만일 당신의 조상이나 가족 중 한 사람의 이름을 자녀에게 주기 원한다면, 그들이 경건하고 하나님을 경외하는 사람이었는지 확인해보고 자녀들에게 그들의 본을 따르도록 권유해야 한다.

그들에게 하나님이나 그리스도, 천사들, 또는 유명한 악인들의 이름을 주지 않도록 해야 한다. 예를 들면, 임마누엘, 베아트릭스, 천사, 이세벨, 압살롬 등이다. 또한 버디나 레이번, 라빈, 스와니 같은 동물 이름도 붙이지 않는 것이 좋다. 그것은 세례 제도에 대한 모욕이다. 또한 나중에 경건한 자녀들은 그런 동물 이름을 세례명으로 받은 것을 생각할 때마다 고통과 아픔을 느끼게 되며, 그리스도의 군사 명단이나 가족 명단에 자기 이름을 올릴 때도 그러할 것이다.

13. 교회에서 받은 외적인 세례에 만족하지 말고, 간절하게 기도하면서 세례식에서 주님과 교회 앞에서 한 엄숙한 서약을 새롭게 함으로써 계속해서 세례의 실재가 당신을 지배하게 해야 한다. 부모가 아이와 함께 또는 독자적으로 기도할 사항들이 있음을 명심하

라. 이제 주님의 말씀대로 세례를 통해 주님의 교회와 주님의 가족의 일원이 된 이 자녀들의 몸과 영혼을 주께서 돌보시고 보호해주시며, 그들이 주의 은혜와 사랑의 증거를 지니게 해주시길 기도해야 한다. 하나님이 그들을 용서하시고 성령으로 말미암아 그리스도 예수 안에서 자신과 연합되게 하시고, 그가 세우신 세례의 제도를 성취하시고 확증하시길 기도해야 한다. 그들을 중생시키시고, 그들이 당신으로부터 물려받은 타락한 본성인 옛 아담을 죽이시고, 십자가에 못박으시며, 제거해주시길 기도해야 한다. 그들을 깨끗하게 하시고, 그의 형상을 따라 지식과 의와 거룩함으로 그들을 새롭게 하시며, 주의 은혜로 그들을 강하게 하사 세상과 육신과 마귀에 저항하고 그것들을 정복하며 평생 새 생명과 성령의 위로 안에서 주님을 섬기는 데까지 자라게 해주시길 기도해야 한다. 아버지와 어머니, 둘 다 이 인침받은 언약의 요구에 따라 자녀를 기르려고 노력하기로 하나님 앞에서 거룩한 맹세로 약속하고 선서해야 한다. 그리고 은혜와 도움을 간구해야 한다.

14. 지금부터 자녀들을 위한 도움, 축복, 은혜와 관련된 하나님의 약속에 주의를 기울여 믿음을 실천하라. 주님은 자녀들의 행복을 위해 필요한 모든 것을 공급해주기로 하셨다. 따라서 당신은 주님의 공급하심을 믿으며 살아야 한다. 주님은 이렇게 말씀하셨다.

"나의 영을 네 자손에게 나의 복을 네 후손에게 부어 주리니 그들이 풀 가운데서 솟아나기를 시냇가의 버들같이 할 것이라"(사 44:3-4). "네 위에 있는 나의 영과 네 입에 둔 나의 말이 이제부터 영원하도록 네 입에서와 네 후손의 입에서와 네 후손의 후손의 입에서 떠나지 아니하리라"(사 59:21). "내가… 너와 네 후손의 하나님이 되리라"(창 17:7). "이 약속은 너희와 너희 자녀와 모든 먼데 사람 곧 주 우리 하나님이 얼마든지 부르시는 자들에게 하신 것이라"(행 2:39). "그들의 자손을 뭇 나라 가운데에 그들의 후손을 만민 가운데 알리리니 무릇 이를 보는 자가 그들은 여호와께 복 받은 자손이라 인정하리라"(사 61:9). "그들의 수고가 헛되지 않겠고 그들의 생산한 것이 재난을 당하지 아니하리니 그들은 여호와의 복된 자의 자손이요 그들의 후손도 그들과 같을 것임이라"(사 65:23).

가나안 여인은 귀신들린 딸에게 좋은 일이 일어날 것을 믿었고, 귀신을 쫓아내고자 하는 소원을 이루었다. 그리스도는 "여자여 네 믿음이 크도다 네 소원대로 되리라"(마 15:28)라고 말씀하셨다. 자기 아들을 위해 믿음으로 나온 아버지에게 주님은 "믿는 자에게는 능히 하지 못할 일이 없느니라"(막 9:23)라고 말씀하셨다. 하와는 아벨 대신 태어난 아들 셋이 다른 씨, 곧 경건하고 선한 자녀가 될 거라 믿고 실망하지 않았다(창 4:25). 라멕은 그의 아들 노아가 힘들게 일하고 수고하는 부모들을 안위하리라 믿었고, 그래서 믿음으로 그 이름을 노아라 불렀다(창 5:29). 모세의 부모님은 그가 매우 어렸을 때 그를 위해 믿음을 발휘했고, 그 믿음을 통해 갈대 상자를 사용하여 아들을 살렸다(히 11:23). 이것은 또한 "주의 종들의 자손은 항상 안전히 거주하고 그의 후손은 주 앞에 굳게 서리이다"(시 102:28)라고 말한 경건한 부모들의 믿음이기도 하다.

당신처럼 자녀들의 부패하고 비참한 상태를 안타깝게 여기는 부모들은 그리스도 안에서 세례를 통해 무조건 엄숙하게 그들을 하나님께 드리고 거룩한 언약으로 인도해야 하며, 그럴 때 당신 자신과 그들을 위한 구주의 선물을 감사하며 받을 것이다. 따라서 자녀들의 유익과 당신 자신의 평안을 위해 그 언약에 관하여 더욱더 믿음을 발휘해야 한다. 이는 자녀들의 현세의 삶과 영적인 삶, 영원한 삶에 관되어 있다. 하지만 이 모든 일은 하나님의 주권에 복종하는 가운데 이루어진다.

15. 그러므로 무조건 모든 자녀들이 하나님께 사랑받고 있고 틀림없이 구원을 받게 될 거라고, 또는 실제로 그들이 그리스도 안에서 거룩하게 되었고 이미 거듭났으며 복을 받았다고 무조건적으로 믿지는 말아야 한다. 그것은 아직 알 수 없고, 확실하지 않기 때문이다. 하나님은 자유롭게 그의 뜻에 따라 어떤 이들은 사랑하고 긍휼히 여기시고 어떤 이들은 거절하신다. 어떤 이들은 태내에서부터 구별하시고, 어떤 이들은 나이가 들었을 때 거듭나고 회심하게 하신다. 그러므로 당신은 자녀들을 아직 잃어버릴 위험이 있는 아이들로, 죄가 있고 부패한 자들로, 그래서 회심해야 하는 자들로 여겨야 한다. 그러므로 그들을 위해 기도하고 믿음과 말씀 안에서 그들을 가르쳐야 한다. 또한 모든 경건함으로 그들을 양육하여, 그들 스스로가 하나님과의 언약에 동의하고 구원받기 위해 자신을 하나님께 드리도록 해야 한다.

# 출산을 앞둔 부모들을 위한 규칙

## ▶ 배우자 선택에 대한 지혜

경건치 못하고, 육적이고, 세속적이고, 허영심이 강한 사람과는 결혼하지 말아야 한다. 만일 당신의 생각과 기대와는 달리 배우자가 거듭나지 않았고 은혜를 받지 못한 것을 알게 된다면, 그의 회심을 위해 온 힘을 기울여야 한다. 그를 위해 열심히 기도하고, 온갖 사랑스러운 방법들로 그를 설득하여 참된 신앙인의 삶으로 인도하라.

## ▶ 어머니가 되기 전에 알아두기

어머니는 먹는 것, 격한 감정을 품는 것, 또는 다른 여러 가지 면에서 자기 몸 속에 있는 자녀의 신체적인 건강에 해를 끼치지 않도록 각별히 조심해야 한다. 다윗이 말한 것처럼 하나님께서 그 아이를 어미의 태에서 은밀하고 신비롭게, 그리고 땅의 가장 깊은 곳에서 기이하게 지으셨으니, 우리는 그의 작품을 손상시키지 않도록 각별히 주의해야 한다.

## ▶ 임신 중인 아내를 위한 기도

아내가 임신한 것을 알게 되었다면, 함께 진지하게 기도하되, 안전한 분만을 위해서만이 아니라, 그 자녀가 거룩하게 되기를 위해서도 기도하며 모든 일에 주께 감사하라.

# 2장
# 유아 때부터 가르치라

이 장은 갓난 아기 때부터 6세 이전의 자녀들을
가르치는 법과 부모가 갖춰야 할 태도, 자녀들이 선한 것을
선택하도록 양육하는 방법에 대해 말하고 있다.

●

●

16. 자녀들이 아직 아무것도 이해할 수 없을 때, 어머니들은 젖을 먹이거나 음식을 먹이면서 복을 비는 기도를 해야 한다. 자녀들이 무언가를 받아들이고 이해하기 전에, 어머니는 수많은 탄식과 기도를 하나님께 올려 드려야 한다. 이것은 식기도만큼 반드시 필요한 기도이다.

하나님은 어머니들이 자녀들을 위해 하나님의 축복을 얼마나 갈망하는지에 특히 관심을 가지신다. 나는 우리가 종종 이것을 소홀히 하는 것이, 주께서 자녀들에게 약한 육체나 많은 어려움과 괴로움을 주시고, 가족 모두에게 걱정과 고통을 주시는 한 가지 이유라고 믿는다. 그런 까닭에 부모들은 자녀들이 잠을 잘 자도록 기도해야 하고, 주께서 그들에게 깊은 잠을 주셨을 때 감사해야 한다. 왜냐하면 그것은 부모와 자녀 모두에게 유익하기 때문이다.

17. 어린아이들의 지성이 자라기 시작하여 어느 정도 지각력을 가지고 듣고 볼 수 있고, 불빛이나 엄마를 향해 눈을 돌릴 수 있고, 엄마가 사라지는 방향을 눈으로 쫓을 수 있을 때가 되면, 이제 부모들은 몸짓과 표정, 손과 손가락을 사용하여 선한 것이 무엇이고 나쁜 것이 무엇인지 가르쳐주어야 한다. 비록 그들이 아직 말을 이해하지 못할지라도, 그러한 가르침을 통해 선한 것으로 이끌고 악한 것을 멀리하도록 유도할 수 있기 때문이다. 그들은 곧 부모들이 원하는 것과 원치 않는 것을 알게 된다.

18. 비록 그들이 아직 말이나 행위를 이해하지 못하더라도, 어머니가 그들을 위해, 또는 다른 자녀들을 위해 기도하는 모습을 보여주어야 한다. 기도할 때는 그들의 손을 모으게 하고 잠시 동안 조용히 있게 하는 것이 필요하다. 그렇게 함으로써 그들 스스로 기도를 시작하기 전, 아주 어릴 때부터 기도에 관하여 조용히 경의를 표하는 태도가 그들 안에 심기도록 하라.

19. 그들이 아직 말을 하지 못할 때부터 제멋대로 굴지 못하게 해야 한다. 그들이 제멋대로 하기 원한다는 것은 곧 부패와 악이 그들 안에서 역사한다는 표시이다. 소리를 지르거나 큰 소리로 울면 원하는 것을 얻을 수 있음을 알게 될 때, 아이들은 제멋대로 하기 원하는 악한 성향이 더 강해지며, 점점 더 자기가 원하는 것에 집착하게 된다. 그들이 원하는 것이 나쁜 것이 아닐 때는 즉시 줄 수 있으나, 일단 거절했으면(아이들이 마음에 떠오르는 대로 달라고 할 때 부모들은 아주 많은 것을 거절해야 한다) 절대 주어서는 안 된다. 그래야만 일단 거절당한 것은 울

고 떼를 써도 얻을 수 없다는 사실을 각인시켜줄 수 있다.

20. 자녀들이 말을 배우기 시작하고 옹알이를 시작할 때, 좋은 말들을 가르쳐줘서 서툰 몸짓과 어설픈 발음으로나마 그들만의 말을 사용할 수 있게 하라. 부모는 자녀들이 말을 듣고 이해할 수 있을 때 가르치려는 생각으로 이것을 지체해서는 안 된다. 어떤 사람들은, 자녀들이 이해하지도 못하는 말을 하도록 가르침으로써 어린 나이에 자녀를 위선적으로 만들며, 하나님의 이름을 망령되이 일컫게 만든다고 주장한다. 그들의 주장대로라면 자녀들에게 언어를 가르치거나 좋은 읽을거리나 성경 이야기를 읽혀서도 안 될 것이다. 그러나 우리가 그들에게 먼저 말과 부호를 가르쳐서 곧 그 의미를 이해하게 만드는 것은 쓸모없는 일도, 위선도 아니다. 그것은 그들에게 매우 유익하고 바람직한 것이다. 따라서 유아들의 입에서 하나님의 찬양이 나오도록 어머니 무릎에서부터 선한 것을 가르치는 것이 바람직하다.

21. 아이들이 몇몇 단어들을 이해할 때는 그들 앞에서 큰 소리로 기도하는 본을 보여야 한다. 아침에 일어날 때, 잠자리에 들 때, 그리고 음식을 먹을 때 그렇게 하라. 어떤 경우든 공손한 자세를 취하고 두 손을 모아 기도하는 모습을 보여주면 더 좋다. 즉 그들이 어릴 때부터 아침과 밤에 무릎 꿇는 것을 가르치고, 상황에 맞게 그들을 위해 짧게 기도하라.

예를 들어, 아침에는 아이가 지난밤에 잘 자고 건강한 몸으로 깰 수 있게 해주신 주님께 감사하라. 또한 주께서 그리스도로 인해 그

## DE ROEDE.

't Is beter dat de Vriendſchap ſlaat,
Als dat de Vyand vriend'lyk praalt.

### 회초리

우정이 시험받는 것이
악이 반대되지 않는 것보다 더 낫다.
따라서 나쁜 아이는
미움이 아닌 사랑에서 나오는
부모의 체벌을 겪어야 한다
마찬가지로 하나님의 나이 많은 자녀들은
그들의 파멸적 운명을 방지하기 위해 내리시는
하나님의 무거운 손을 사랑의 돌봄으로 여겨 견뎌야 한다.

아이의 죄를 용서해주시고, 주의 은혜로 그 아이를 착하고 경건한 자녀로 만들어주시길 기도하라. 주께서 지금부터 영원까지 그 아이를 보호하고 지키시며 몸과 영혼을 위해 필요한 것을 모두 채워주시기를 기도하라. 그리고 저녁에는 하루 동안 그 아이를 건강하게 지켜주시고 다른 아이들에게 일어난 많은 재난으로부터 보호해주신 주님께 감사하라. 또한 아이의 죄를 용서해달라고 기도하라. 그 죄는 그 아이가 태어날 때부터 있었고, 이른 나이에 이미 범한 죄이다.

밤새 편안히 잘 수 있게 해주시고, 다음날 아침에 건강한 몸으로 깰 수 있게 해주시길 기도하라. 그 아이가 이생과 내세에서 영원히 주님을 섬기는 자녀가 되게 해주시길 기도하라.

식사를 할 때는, 그 아이를 건강하게 해주시고, 질병과 고통으로부터 보호해주시며, 먹을 것과 마실 것을 주셔서 건강하게 자라고 영원히 주님을 섬길 수 있게 해주시길 기도하라. 그리고 식사를 마친 후에는, 먹을 것과 마실 것을 주신 주님께 감사하고, 그 아이가 성장하여 하나님의 영광과 영원한 구원에 이르게 해주시길 기도하라.

22. 자녀를 위해 기도할 때, 입술로만 하지 말고 마음으로, 진지하고 경외하는 태도로 해야 한다. 자녀들은 건성으로 하는 기도를 알아차린다. 그들은 부모의 눈과 손, 얼굴 표정, 목소리를 주목한다. 기계적이거나 판에 박힌 기도를 하면, 아이는 곧 그것에 익숙해질 것이고, 하나님께서는 그런 기도에 복을 주지 않으신다. 하나님을 섬기는 것은 장난이 아니다. 부모들이 반복된 행위로 진지함 없는 외식적 종교를 배양하여 자녀들에게 불경건을 심어줄 때, 하나님은

그것을 참으실 수 없다.

자녀들이 아직 잘 몰라서 진지하지 못할 때는, 부모들이 더욱더 진지해져야 한다. 왜냐하면 부모들은 자신과 마찬가지로 자녀들에게도 모든 좋은 은사들이 기도의 응답으로 온다는 것을 알고 있기 때문이다. 주 그리스도께서도 아이들을 위해 기도하시며, 그것도 아주 진지하고 힘있게 기도하신다. 우리도 주의 이름으로 그들을 위해 그렇게 기도해야 한다.

23. 아이들이 말을 할 수 있으면, 당신의 기도를 따라하게 하는 것이 좋다. 이때 눈의 초점을 한 곳에 맞추고 공손한 태도로 임하게 하라. 부모가 열정적으로 뜨겁게, 때로는 눈물로 기도하면, 자녀들도 좀 더 감정을 가지고 그 말들을 반복할 것이며, 더 잘 기억할 것이다. 항상 같은 말을 하고 같은 순서를 따르면서 형식적인 기도를 가르치는 것은 좋지 않다. 대신 당신의 마음에서 우러나는 짧은 감탄소리를 들려주는 것이 좋다. 같은 것을 언급하더라도 다양한 방식으로 말하고, 그 아이에게 일어난 일이나 관련된 일을 짧게 덧붙이는 것이 좋은 방법이다. 그들을 위해, 그들과 함께 기도한 후에는 당신이 기도한 내용을 짧게 이야기해주고 하나님이 그 기도를 들어주실 거라는 소망을 보여주면 더욱 바람직하다.

아이가 6세가 될 때까지 이 일을 함께 하라. 그런 다음 부모는 자녀들이 더 많은 것들을 위해 기도하도록 가르쳐야 한다. 이에 대해서는 다음에 말할 것이다.

24. 자녀들이 믿음과 경건에 대한 짧은 질문에 답하도록 가르치

라. 그것을 위해, 몇 가지 쉬운 질문들을 외워서 아침과 저녁에 질문하고, 그들이 어떻게 대답해야 하는지를 가르쳐야 한다. 그 질문들은 짧고 분명해야 하며, 당신이 잘 다룰 수 있을 뿐 아니라 아이들이 이해할 수 있는 수준이어야 한다.

25. 부록에 포함시킨 몇 가지 짧은 질문들에 대해 그들과 이야기하고 그 질문을 이해시키려고 노력하며, 그 질문의 의미를 생각하게 하라(이 편집본에는 포함되어 있지 않음). 자유롭고 주의를 끄는 방식으로 이 질문들에 대해 이야기하고, 그것이 당신에게 큰 의미가 있다는 것을 자녀들이 알게 하여 그것을 기억하고 이해하며 그에 대해 질문을 던질 수 있게 해야 한다. 종종 이렇게 가르친 내용에 대해 토론을 벌여, 그 질문들이 아주 중요하고 필요한 것임을 자녀들이 이해하도록 도와주어야 한다.

26. 자녀들과 하나님에 대해 자주, 많이 이야기할 것을 권한다. 예를 들면 이렇게 이야기하면 좋다. 하나님은 만물을 창조하셨고 그들을 지켜주시며 먹을 것과 입을 것을 주셨다. 하나님은 하늘과 땅에도 계시며, 모든 것을 알고 계시고 보고 계신 분이다. 모든 선한 것이 그에게서 나오며, 모든 것을 심판하시고, 사랑받고 찬양받고 경배받기에 합당하신 분이다.

27. 그러므로 사람들이 악한 말이나 행동을 하거나 마음으로 악을 꾀할 때, 그것이 하나님의 명령과 뜻에 반하여 범하는 죄라는 것을 아이들에게 자주 이야기해줄 필요가 있다. 죄는 엄격하게 벌을 받으며 그들은 아주 어릴 때부터 죄인이라는 사실을 알아듣게 설

명해주면 좋다. 자녀들이 당신과 하나님의 뜻에 반대되는 행동이나 말을 할 때, 그 악한 행동 속에 나타나는 죄를 지적해주어야 한다.

28. 구주이신 그리스도에 대해서도 많이 이야기하라고 말하고 싶다. 예를 들면 이렇게 이야기하라. 그리스도는 죄를 사하여주실 수 있고 죄로 인한 형벌을 받지 않게 해주실 수 있는 유일한 분이시다. 그는 어린아이들을 불러 착한 아이들이 되게 하신다. 그리스도는 그에게 나아가 그를 통해 은혜를 받기 원하는 죄인들을 위해 죽으셨다. 또한 그들이 악을 삼가고 선을 행하면 천국으로 인도해주실 것이다.

29. 자녀들이 행해야 할 선한 일과 하지 말아야 할 악한 일에 대해서도 그들과 많은 대화를 나누는 것이 바람직하다. 특히 그들에게 많은 선을 베풀었고 지금도 그들을 선하게 대하고 있는 부모를 공경하고 순종하며, 부모를 사랑하고 도와주고 잘 따라야 한다고 말해주는 것이 중요하다.

30. 하나님을 경외하는 착한 아이들과, 하나님을 경외하지 않는 말썽쟁이, 말 안 듣는 나쁜 아이들에 대해 말해주고, 선과 악에 대해 알아듣기 쉽게 설명해주어야 한다. 그들이 착한 아이의 본을 따르면 하나님과 부모님을 기쁘게 하고 하나님께 복을 받지만, 그들이 나쁜 아이의 본을 따르면 하나님과 부모님을 화나게 하고 하나님이 이 세상에서 질병과 다른 형벌로 그들을 벌하실 것이며 나중에는 지옥에서 벌받게 하실 것이라고 말해주라.

31. 또한 죽음과 무덤에 대해, 지옥과 천국에 대해 이야기해주어

야 한다. 누가 지옥에 가고 누가 천국에 가는지, 지옥에 가는 것이 얼마나 끔찍한 일이며 천국에 가는 것이 얼마나 기쁘고 영광스러운 일인지 알려주라. 그곳은 이 세상과 비할 수 없이 좋은 곳임을 알려주라. 그러나 죄를 범하여 하나님을 화나시게 할까 봐 두려워하는 자들이 아니면 그곳에 갈 수 없다는 말을 덧붙이는 것도 잊지 말아야 한다.

32. 선한 것들에 대해 자주 이야기하되, 한 번에 너무 많은 이야기를 하지 않는 것이 좋다. 다만 이야기할 때는 다른 세상 문제에 대해 이야기할 때보다 더 분명하고 확신있게, 진지하게 해야 한다. 자녀들의 지식이 점차 자라서 곧 지금보다 더 중요한 문제들을 잘 이해할 수 있게 될 거라는 확신을 가지라. 무익하고 하찮은 것들이 그들의 마음과 생각을 완전히 차지해버리도록 허락해서는 안 된다.

다음 두 성경 말씀을 항상 마음 깊이 새겨두면 좋을 것이다. "마땅히 행할 길을 아이에게 가르치라 그리하면 늙어도 그것을 떠나지 아니하리라"(잠 22:6). "또 아비들아 너희 자녀를 노엽게 하지 말고 오직 주의 교훈과 훈계로 양육하라"(엡 6:4).

33. 자녀들이 어릴 때부터 가정에서 기도하거나 찬송하거나 성경을 읽을 때 조용히 하고 공손한 태도로 임하는 습관을 갖도록 해야 한다. 그런 시간에 그들이 집중하여 얌전히 앉아 있는 것을 부모가 매우 중요하게 여긴다는 것을 알게 하는 것이 필요하다.

34. 일찍부터 아이들을 교회에 데리고 가는 것이 좋다. 비록 아무 것도 이해하지 못하더라도 그렇게 해야 한다. 하나님께 드리는 거

룩한 예배에 익숙해지도록 하라. 즉, 떠들지 않고 가만히 앉아 있는 습관을 들여야 한다. 오래전 이스라엘 사람들이 자녀들을 데리고 엄숙한 종교 의식에 참여했던 것처럼, 자녀들을 데리고 다니는 것을 너무 성가시게 생각하지 말아야 한다. 아이들이 교회 안에서 자거나 뛰어놀거나 당신에게 이야기하는 것을 내버려두는 것은 좋지 않다. 또한 교회 안에서는 먹을 것을 주지 않는 것이 좋다. 단, 그들이 얌전히 앉아 있었으면 교회에서 나올 때는 먹을 것을 주어도 된다.

35. 어릴 때부터 어린이들에게 교리문답을 가르치는 공적인 교리문답 수업에 데리고 가서 다른 아이들과 떠들거나 장난치지 않고 조용히 있도록 가르쳐야 한다. 그들을 주의 깊게 지켜보며 수업을 잘 듣게 해야 한다. 그리고 집에 오는 길에 수업에서 들은 질문에 대해 이야기함으로써 그들이 들은 내용을 잘 기억할 수 있도록 해야 한다.

36. 그들에게 읽기를 가르치고, 경건한 교사에게서 경건과 신앙의 첫 번째 원리들을 배울 수 있는 학교에 보내야 한다. 그리고 교장선생님께 당신의 아이들을 잘 지켜봐달라고 부탁하고, 할 수 있으면 그들의 관심과 노고에 대해 답례하는 것이 좋다.

비록 부모가 가난하더라도 자녀들을 학교에 보내어 읽기와 쓰기를 배우도록 해야 한다. 그것은 그들이 성경과 좋은 책들을 읽는 데 가장 유용하고 필요한 것이기 때문이다. 또한 그것은 자신의 구원에 관한 교육을 잘 받을 수 있게 해주는 중요한 수단이다. 자녀들에게 좋은 것을 주려고 하는 부모라면 이것을 소홀히 하지 않을 것이다. 그러나 학교가 너무 형편없다면 직접 읽기와 쓰기를 가르치고, 그들이 잘 배우고 그것을 즐거워하면 칭찬하고 격려해주라.

37. 큰 아이들이 동생들 앞에서 기도하게 하여, 당신이 큰 아이들에게 기도를 가르치고 그들이 당신의 기도를 따라하는 것을 동생들이 듣게 하는 것이 좋다. 또한 큰 아이들이 교리문답의 짧은 질문들에 어떻게 대답하는지 작은 아이들이 듣게 하는 것도 필요하다. 그러는 동안 큰 아이들 또한 이 상호작용을 통해 배우게 될 것이다. 예를 들어 그들이 함께 침대에 누웠을 때나 나중에 함께 있을 때 큰 아이들이 동생들에게 그 질문들을 암기하도록 가르치면 더욱 좋을 것이다. 동생들이 스스로 잘 읽을 수 있을 때까지 큰 아이들이 성경을 읽어주는 것도 좋을 것이다.

38. 주기도문을 암기하게 하고, 주 예수 그리스도께서 그 기도를 명하셨다고 말해주어야 한다. 또한 가능한 한 그 말씀의 의미를 설명해주는 것이 좋다. 그러나 항상 그 기도만 하게 하지 말고, 가끔씩 하게 하라. 그들이 그 뜻을 이해할 수 있다면, 그 기도에 나오는 단어들을 사용하여 기도하게 하면 더욱 좋다.

# 유아 때부터 가르치라

## ▶젖을 먹이거나 음식을 먹일 때 축복 기도해주기

어머니들은 젖을 먹이거나 음식을 먹이면서 복을 비는 기도를 해야 한다. 자녀들이 무언가를 받아들이고 이해하기 전에, 어머니는 수많은 탄식과 기도를 하나님께 올려 드려야 한다. 이것은 식기도만큼 반드시 필요한 기도이다.

## ▶아이가 말을 시작하면 기도를 가르치기

아이들이 말을 할 수 있으면, 당신의 기도를 따라하게 하라. 이때 눈의 초점을 한 곳에 맞추고 공손한 태도로 임하게 하라. 부모가 열정적으로 뜨겁게, 때로는 눈물로 기도하면, 자녀들은 좀 더 감정을 가지고 그 말들을 반복할 것이며, 더 잘 기억할 것이다. 자녀를 위해 기도할 때 진심을 다하라. 자녀들은 건성으로 하는 기도를 알아차린다.

## ▶어렸을 때부터 아이를 교회에 데리고 가기

일찍부터 아이들을 교회에 데리고 가는 것이 좋다. 비록 그들이 아무것도 이해하지 못하더라도 그렇게 해야 한다. 하나님께 드리는 거룩한 예배에 익숙해지도록 하라. 아이들이 교회 안에서 자거나 뛰어놀거나 이야기하는 것을 내버려두는 것은 좋지 않다. 또한 교회 안에서는 먹을 것을 주지 않는 것이 좋다. 단 그들이 얌전히 앉아 있었으면 교회에서 나올 때는 먹을 것을 주어도 된다.

# 3장
# 6세에서 12세 사이의 자녀 교육

이 장은 부모들이 6세부터 12세까지와 그 이상 연령의
자녀들을 신앙적으로 어떻게 가르쳐야 하는지를 이야기한다.

●

●

39. '진리의 지식에 관한 교리문답'[1] 제1장에 포함된 짧은 질문
들을 자녀들과 함께 반복하여 그들이 정확하고 완벽하게 대답할 수
있도록 한다. 그들이 어느 정도 이해할 때까지 모든 질문과 답을 설
명해주는 것이 좋다.

40. 그 다음에 신조들과 십계명을 외우게 한다. 개인적으로 대화
를 나누는 가운데 이 신조들과 계명들을 설명해주되, 마치 그것이 기
도의 일부인 양 기도와 같은 시간에 암송하게 하지는 말라. 물론 그
것이 마음에 새겨지도록 때때로 암송을 시키는 것은 괜찮다. 이런 식
으로 자녀들에게 무엇을 믿어야 하는지 설명해주고, 무엇을 바라고
구해야 하는지, 무엇을 행해야 하는지 말해주어야 한다. 즉, 첫째는

---

1. 본 편집본에 포함되어 있지 않음.

사도신경, 둘째는 주기도문, 셋째는 십계명에 나오는 내용이다.

41. 그들의 기억력이 보통 우리가 생각하는 것보다 더 뛰어나다 하더라도, 그들에게 가르칠 때 너무 부담을 주지 않도록 조심해야 한다. 1년 안에 다 배울 수 없는 것은 다음 해에 배우게 하라. 자녀들의 기억력과 지력은 분명히 성인과 다르다는 것을 명심하되, 당신이 더 이상 알려줄 것이 없을 때까지 꾸준히 가르쳐야 한다. 그러면 충분하다. 18세가 될 때까지 계속 더 많이 배워야 하며, 18세가 되어서도 배움을 멈추지 말아야 한다. 물론 그때는 어느 정도 독학할 수 있어야 한다. 하지만 그들이 한 집에 살면서 당신의 슬하에 있는 동안 신앙 교육을 소홀히 하는 것은 옳지 않다.

42. 신적 진리의 기본 요점들에 대한 명백하고 간결한 교리문답은 암기시키는 것이 좋다. 그것이 그밖의 다른 모든 교훈의 기초임을 명심하고 가까이하게 하라. 여러 설교자들이 구성한 다른 교리문답들을 무시하거나 거부할 마음은 없지만, 신앙에 관련한 가장 중요한 문제들은 '진리의 지식에 관한 교리문답'[2] 제2장에 나오는 16가지 질문과 대답들 속에서 잘 이해하고 배울 수 있다고 믿는다. 그들이 이것을 반복해서 완전히 암기하게 해야 한다.

43. 그들이 외우고 있는 내용을 어느 정도 이해하고 있다는 것을 확인할 수 있을 때까지 이 16가지 질문과 대답들을 하나하나 분명히 설명해주어야 한다. 그 질문과 답은 매우 분명하나, 그들이 그 의

---

2. 본 편집본에 포함되어 있지 않음.

미를 알고 이해하고 있음을 그들의 말로 표현할 수 있을 때까지 그 사상을 아이들에게 잘 설명해주어야 한다.

44. 그후에는 16가지 질문에 성경적 증거로 덧붙여진 성경 본문 말씀을 외우게 하라. 그와 관련하여, 각 본문이 입증하는 내용을 분명히 말해주고, 그들이 이해한 내용을 설명해보게 하는 것도 좋은 방법이다. 아직 글을 읽지 못하더라도, 이 16가지 질문들을 외우게 하고, 완전히 암기할 때까지 자주 반복시킨다. 이것에 대해 부모와 자녀들이 모두 진지한 태도로 임하면, 보통 우리가 생각하는 것보다 더 잘할 수 있다.

45. 주중에 따로 시간을 내어, 그들과 함께 이 질문들을 다시 살펴볼 뿐 아니라 그와 별도로 진리의 기본 교리에 대해 문답식으로 공부한다. 그 과정에서 부모는 이런 문제들에 대해 그들의 이해 수준에 맞추어 질문을 해야 한다. 특히 주일날은 이 일을 위해 따로 시간을 내야 한다. 먼저 하나님께서 이 교육을 축복해주시고, 자녀의 마음을 열어주시며, 기억력을 강화시켜주시고, 진리로 마음을 거룩하게 해주시길 구하는 기도로 시작하라. 이를 통해 진리의 기본 교리에 대한 교리문답 교육이 우리가 하나님께 결실을 위해 기도해야 할 중요한 일이라는 것을 명백히 해야 한다.

46. 교육 지침서 없이 문답식 교육을 할 수 있으려면, 부모 역시 이 16개의 답과 교리문답의 주요 요점들을 외우고 있어야 한다. 이 점에서 도움을 주기 위해, '진리의 지식에 관한 교리문답' 제3장에 교리문답 자료의 주요 두 섹션을 포함시켰다.[3] 그것들은 매우 간결

하므로 그것들을 기억하고, 때로는 몇 시간에 걸쳐 이 모든 주요 교리들에 대해 문답식으로 가르치고, 때로는 상황이 허락하고 당신이 원하는 대로 그 중 몇 가지만 가르치라.

47. 이것을 한 다음에는, 기독교 신앙의 주요 교리들의 개요를 여덟 부분으로 나누어 설명하라. 8일을 정하여 자녀가 이미 외우고 있는 그 16가지 답들을 더 자세하게, 아주 진지하고, 열정적이고, 세심하게 설명하고 주입시켜야 한다. 이 일은 다소 어렵다. 모든 것을 간결하고 분명하고 완벽하게 말해주고 성경 말씀으로 증거해 보여야 하기 때문이다. 이 과정을 돕기 위해 그 전체 자료를 여덟 부분으로 요약하였다. 그것은 다음과 같다. (1) 성경 (2) 하나님 (3) 인간 (4) 중보자 (5) 저항할 수 없는 부르심을 받은 사람들 (6) 이 세상에서 그런 저항할 수 없는 부르심을 받은 사람들의 은혜로운 특권 (7) 죽음과 그 후 영광 중에 있는, 저항할 수 없는 부르심을 받은 사람들의 특권 (8) 은혜 언약의 성례 또는 인.

첨언하자면, 나는 모든 주요 부분에 대한 분명하고 간단한 설명을 기록하고, 하루에 하나씩 공부하게 해놓았다. 자녀에게 성경적 증거와 함께 내용을 잘 전달하려면, 부모 자신이 읽고 또 읽어야 한다. 그래도 자신이 없으면, 이 장들을 하나씩 천천히 진지하게 자녀에게 읽어주고, 인식시키는 것도 하나의 방법이다. 부모가 자신의 말로 더 설명해주어 자녀의 마음에 분명히 심어줄 수도 있다. 이 일을 반복

---

**3.** 본 편집본에 포함되어 있지 않음.

하고 나면, 더 이상 이것의 도움이 필요하지 않게 될 것이다. '진리의 지식에 관한 교리문답' 제4장에서 앞에서 언급한 설명들을 찾아볼 수 있을 것이다. 자녀들이 이 장들을 여러 번 읽고 또 읽게 하라.

48. 매일 자녀들에게 이것들을 가르쳐준 후에, 전체 자료 중에서 짧은 질문들을 뽑아 그들이 들은 내용을 이해하는지 점검해야 한다. 하나씩 문제를 제시하면서 그들이 자신의 말로 질문에 답하게 하라. 이것은 매우 중요하며 세심한 주의를 기울여야 한다. 그렇지 않으면 자녀들은 단어만 반복할 뿐 스스로 그 주제들에 대해 생각하지 않게 된다.

49. 아이들은 또한 학교와 교회에서 교리문답식 교육을 받기 때문에, 당신은 그들이 하이델베르크 교리문답을 외우게 해야 한다. 주일마다 설교자들이 그 중 한 부분을 설명하고 나면 그들과 그것에 대해 이야기를 나누라. 그들이 그 질문들을 외우게 하고, 질문 속에서 그 주일 설교 내용을 잘 설명해줌으로써 교훈을 주는 것이 좋다. 당신은 성경 구절들을 증거로 덧붙이면서 하이델베르크 교리문답을 잘 가르칠 수 있다.

50. 더 나아가 자녀들에게 위대한 성경 이야기들을 하나씩 아주 진지하게 들려주고, 완전히 이해할 때까지 반복해서 들려줌으로써 그 이야기를 마음에 심어주어야 한다. 이야기는 쉽게 기억에 남기 때문에, 다음에 다른 성경 이야기를 들려줄 때 전에 들은 이야기를 아직 기억하고 있는지 물어보아야 한다. 모든 성경 이야기들을 이런 식으로 가르쳐주어야 한다. 자녀들은 이야기로 가르쳐줄 때 그

주제를 쉽게 배우기 때문이다.

단순한 이야기들을 먼저 가르치고 나서 좀 더 어려운 이야기들을 가르치는 것이 바람직하다. 나는 더 어린 아이들을 위한 단순한 이야기들에 별표를 해두었다. 그러나 적당한 때가 되면 그 모든 이야기들을 가르쳐야 한다는 것을 명심해야 한다.

51. 그들의 눈높이에 맞는 적용 사항들을 덧붙임으로써 모든 성경 이야기를 깨닫게 해주어야 한다. 그들은 그 역사적인 이야기들을 단순한 이야기로 받아들여서는 안 되며, 경건한 교훈이 담긴 이야기로 받아들여 그것을 통해 유익한 것을 배워야 한다는 사실을 처음부터 깨달아야 한다. 이 과정을 돕기 위해 모든 이야기에 관련된 짧은 주석을 달아 부모가 설명할 때 참고할 수 있게 했다. 외적인 지식은 곧 경건의 실천으로 이어져야 하므로, 이것을 소홀히 해서는 안 된다.

52. 부모가 자녀들에게 들려준 성경 이야기를 그들이 직접 읽게 하고, 또 읽은 내용을 이야기해보게 하라. 그것을 위해 그 이야기들이 어느 책, 어느 장에 나와 있는지 언급해 놓았다.

53. 부모가 자녀 옆에 앉아 뭔가 다른 일을 하고 있을 때, 자녀에게 성경 이야기를 해보게 하는 것도 좋은 방법이다. 어떤 인물에 대한 이야기가 어떻게 전개되는지 물어보면서 자녀의 이야기에 빠진 내용이 있으면 보충해주어서 제대로 기억할 수 있게 도와주면 더욱 좋다.

54. 교회 역사에 대해, 사도 시대부터 하나님의 자녀들이 진리를

위해 이교도들과 가톨릭교도들에게 압제와 핍박을 받았던 것에 대해 자녀들과 이야기하라. 그와 관련하여, 특히 특정 순교자들과 그들이 당한 박해에 대해 진지하게 대화를 나눠보는 것도 좋다.

55. 성경과 더불어 순교자들의 책을 읽게 하고, 가장 중요한 본보기들을 이야기해주어야 한다. 그들이 읽기를 마치면, 읽은 내용과 기억에 남는 내용을 말해보게 한다. 적절한 적용을 알려줌으로써 더 깊이 깨닫게 하고, 진리를 더 강하게 인식시키며, 용기와 열정, 믿음을 더 격려한다. 하나님께서는 그를 의지하고 그의 진리를 위해 말하고 싸우고 고난당하는 자들을 특별한 방법으로 도우신다.

56. 네덜란드의 역사와 기독교를 반대하는 스페인 종교재판소가 우리 조상들에게 가한 탄압에 대해서도 이야기해줄 필요가 있다. 비록 우리가 힘이 없고 큰 위험에 처했었지만, 하나님께서 얼마나 기적적으로 우리를 구원하셨고 자유를 주셨으며 스페인과의 싸움에서 우리를 축복해주셨는지 이야기해주어야 한다. 아르미니우스파가 그 땅에 들어왔을 때 하나님께서 이 나라를 어떻게 보호하셨고, 네덜란드 개혁교회를 어떻게 도와주셨는지 분명히 이야기해준다.

하나님께서 이 나라에 얼마나 엄격한 심판과 재앙, 여러 왕들과의 전쟁을 경험하게 하셨는지, 특히 1672년(당시는 네덜란드 역사상 고난의 기간이었다. 영국과의 제2차 무역전쟁 후, 온 나라가 황폐했을 때 루이 14세가 이끄는 프랑스 군대가 네덜란드에 쳐들어왔다. 당시 프랑스는 영토확장 중이었다. 그 혼란 가운데서 네덜란드의 가장 유능한 정치가, 얀 더 비트Jan De Witt가 격노한 군중에 의해 살해되었고, 적군의 침입을 막기 위해 제방들을 무너뜨려 나라의 일부가 침수되었다.)과 그 다음

몇 해 동안 얼마나 큰 위험과 수많은 압제를 당하게 하셨는지, 이 나라와 백성들이 주님께 얼마나 감사할 줄 몰랐는지, 또 이 모든 것에도 불구하고 하나님이 언제나 우리를 도우시고 구하신 사실에 대해 이야기해준다. 이와 관련하여, 열성적인 하나님의 종, 아브라함 판 더 펠더(Abraham van de Velde)의 《지극히 높은 이의 기적The Miracles of the Most High》을 읽어보고, 자녀들에게도 읽게 하면 유익할 것이다.

이 모든 일을 시편 78편 4-5절 말씀에 따라 하라. "우리가 이를 그들의 자손에게 숨기지 아니하고 여호와의 영예와 그의 그 능력과 그가 행하신 기이한 사적을 후대에 전하리로다 여호와께서 증거를 야곱에게 세우시며 법도를 이스라엘에게 정하시고 우리 조상들에게 명령하사 그들의 자손에게 알리라 하셨으니."

57. 우리나라와 교회의 상황에 대해 당신이 들려준 이야기들과 앞에서 언급한 책들에서 읽은 이야기들을 반복해서 이야기해보게 하라. 그래서 그들이 그 이야기들을 잘 이해하고 있는지, 그들의 기억에 빠진 부분은 없는지 확인해보라. 그들이 잊어버린 세세한 부분들을 다시 더 자세히 설명해주라. 이런 식으로 우리의 역사를 공부시키는 것은 우리가 생각하는 것보다 훨씬 더 유익하다.

58. 때때로 따로 시간을 내어 현재 교황 정치의 오류에 대해 가능한 한 분명하게 설명해주어야 한다. 또한 그들과 함께 유대교도, 소시니안주의자, 아르미니우스주의자, 메노파, 루터파 교도들의 중대한 오류들에 대해 토론하되, 이것을 가장 중요시할 필요는 없다. 근본이 되는 교리들을 가르치고, 신앙의 중요 요점들에서 정통적 교

리 밖으로 벗어난 사람들의 위험한 오류들에 대해 언급하는 것도 좋다. 단, 이것은 진리를 입증해주는 성경 말씀에 근거해야 한다.

59. 매일 하나님의 말씀을 읽게 하고, 그 중 일부를 암송하게 한다. 부모가 질문하고 이에 답하게 하거나, 이해가 안 가는 부분에 대해 질문하게 한다. 함께 가정 예배를 드릴 때에도 이런 문답 방식을 적용할 수 있다. 하나님의 말씀을 읽을 때, 자녀들에게 유익한 말씀을 암송하게 한다. 이해가 안 가는 부분에 대해 질문을 하거나, 적용할 부분에 대해서도 이야기하게 한다. 이와 관련하여 그들이 완전하진 않지만 진심으로 노력하는 것을 기쁘게 여겨야 한다. 자녀들이 일부러 배우기를 거부할 때를 제외하고, 다른 사람들 앞에서 그들의 무지함에 대해 면박을 주면 안 된다.

60. 자녀들이 교회에 다녀왔을 때 그들은 단지 몇 가지만 기억해서는 안 되며, 교회에 있는 동안 가능한 한 많이 설교를 기록해두어야 한다. 그들에게 설교의 여러 부분들을 구분하는 법을 가르쳐준다. 즉, 도입, 내용 구분, 본문 해설, 그로부터 얻는 교훈, 근거가 되는 본문, 논의의 과정, 적용 등이다. 적용은 그들을 책망하고, 경고하고, 자신을 살피게 하고(보통 이 때 참된 믿음의 표지들을 점검한다), 위로하고, 훈계하고, 권고하기 위한 것이다.

61. 자녀들로 하나님의 말씀의 특별히 중요한 장들을 전체적으로 또는 부분적으로 힘써 암기하게 하라. 그들에게 이 장들을 반복하여 읽어주고, 성경에 기록된 위대하고 달콤하고 유익한 부분들을 명확하게 보여주라. 예를 들어 다음과 같은 장들을 포함하면 좋을 것이

다: 이사야 12장, 26장, 27장, 54장, 55장; 마태복음 5장, 25장; 요한복음 14장, 15장, 16장; 로마서 8장, 12장; 에베소서 1장, 5장, 6장; 골로새서 3장, 4장; 데살로니가전서 5장; 요한계시록 2장, 3장, 15장.

62. 특히, 솔로몬의 잠언 말씀을 많이 암송하게 한다. 잠언 말씀은 짧고 분명하며 많은 의미가 담겨 있기 때문이다. 잠언 말씀을 여러 번 읽게 하라. 가정예배 때도 자주 읽고, 그에 대한 해설과 적용의 말을 덧붙인다. 잠언의 각 장에서 자녀들이 배우고 노트에 적게 할 만한 몇몇 절들을 추렸다: 1:20-33; 2:1-8; 3:11-18; 4:14-20; 5:21-23; 6:16-20; 7:1-4; 8:13-21; 9:4-11; 10:19-24; 11:17-25; 12:1-5; 13:24-25; 14:25-27; 15:8-13; 16:1-9; 17:13-17; 18:10-19; 19:13-18; 20:9-14; 21:1-4; 22:1-6; 23:29-35; 24:30-34; 25:11-12; 26:11-16; 27:1-7; 28:4-9; 29:1-3; 30:2-9; 31:10-13.

63. 아이들은 또한 시편 찬송을 불러야 한다. 이와 관련하여, 다른 사람의 도움 없이도 시편 찬송의 곡조를 부를 수 있으면 매우 유익하다. 그들에게 성경에 나오는 시편 몇 편을 암송하게 한다. 단, 운은 달지 않는다. 운을 달면 의미가 매우 불명확해진다. 시편 저자가 우리에게 전하고 가르치는 내용을 있는 그대로, 마음에서 마음으로 전달하여, 그들 또한 자신이 외우고 노래하는 그 말씀을 이해할 수 있게 하라. 다양한 상황에서 그 시편 말씀을 인용하여, 자녀들에게 그 말씀을 어떻게 활용할 수 있는지 보여주면 좋다. 그들은 다음의 시편들을 반드시 알아야만 한다: 1편, 2편, 6편, 8편, 15편, 16편, 19편, 23편, 25편, 32편, 45편, 51편, 72편, 84편, 90편, 91편, 100편,

## HET KIND STUDEERT.

**Die 't beft kan fchiften uit het veel,
Heeft Wysheids allerhoogfte deel.**

## 아이의 공부

존재하는 것들을 통해 체를 가장 잘 치는 자는
지속되는 지혜를 얻는다.
똑똑한 부모는 좋은 교육을 제공하며
그의 아이는 현실
그러나 영혼 안에서 덕목을 배우고
하나님의 율법이 전체로서 준수되는
가장 수준 높은 학교에 다니지 않으면
아이는 그가 배운 모든 것에도 불구하고 어리석게 살 것이다.

103편, 111편, 116편, 130편, 139편, 145편, 146편, 148편, 149편, 150편.

64. 일단 위에 언급한 모든 것들을 잘 배웠으면, 빼이떠르 더 비트(Peter de Wit)나 우르시누스(Ursinus) 같은 사람의 좀 더 광범위한 교리문답 책이나, 리더(Ridder)의 「7중 연습 *The Sevenfold Exercises*」이란 교리문답 책을 읽는 것이 도움이 되고, 또 필요하다. 이런 것들을 통해 그들은 신령한 진리에 대해 더 깊고 넓은 지식을 얻을 수 있으며, 동시에 진리의 지식과 상충하는 잘못된 견해들을 분별해내는 통찰력이 더 깊어진다.

65. 그들이 배우고, 암송하고, 대답한 기본 진리의 모든 내용들에 대해 거룩한 존경심과 관심을 갖게 하라. 그들은 신령한 문제들을 대하고 있다. 그러므로 그들이 당신의 성실함과 공손한 태도에 자극을 받아, 그와 같은 성실함과 관심, 공손한 태도를 나타내도록 하는 것이 바람직하다.

66. 그들이 부지런히 잘 배우면, 당신이 매우 기뻐하며 그들을 사랑한다는 증거로 선물을 주고, 동시에 더욱더 그들을 격려해주어야 한다. 누구든 노력하지 않고는 그 모든 것을 외울 수 없으므로 만일 그들이 다소 배움에 느리고 배우는 일에 관심이 없으면, 친근하고 부드럽게 달래고 격려해주어야 한다. 그래도 계속 말을 듣지 않으면, 당신의 권위로 그들에게 명령하라. 이것은 당신에게 매우 중요한 문제이기 때문이다. 그러나 가능하면 그들의 기분을 좋게 하려고 노력해야 한다.

# 6세에서 12세 사이의 자녀 교육

▶ **사도신경 · 주기도문 · 십계명을 외우게 하기**

개인적으로 대화를 나누는 가운데 이 신조들과 계명들을 설명해주되,
마치 그것이 기도의 일부인 양 기도 시간에 암송하게 하지는 말라. 물
론 그것이 마음에 새겨지도록 때때로 암송을 시키는 것은 괜찮다. 이
런 식으로 자녀들에게 무엇을 믿어야 하는지 설명해주고, 무엇을 바
라고 구해야 하는지, 무엇을 행해야 하는지 말해주어야 한다. 즉, 첫째
는 사도신경, 둘째는 주기도문, 셋째는 십계명에 나오는 내용이다.

▶ **위대한 성경 이야기를 진지하게 들려주기**

자녀들에게 위대한 성경 이야기들을 하나씩 아주 진지하게 들려주고,
완전히 이해할 때까지 반복해서 들려줌으로써 그 이야기를 마음에
심어주어야 한다. 다음에 다른 성경 이야기를 들려줄 때 전에 들은 이
야기를 아직 기억하고 있는지 물어보아야 한다. 모든 성경 이야기들
을 이런 식으로 가르쳐주어야 한다. 자녀들은 이야기로 가르쳐줄 때
그 주제를 쉽게 배우기 때문이다.

▶ **매일 하나님의 말씀을 읽고 암송하게 하기**

매일 하나님의 말씀을 읽게 하고, 그 중 일부를 암송하게 한다. 부모
가 질문하고 이에 답하게 하거나, 이해가 안 가는 부분에 대해 질문
하게 한다. 함께 가정 예배를 드릴 때에도 이런 문답 방식을 적용할
수 있다. 하나님의 말씀을 읽을 때, 자녀들에게 유익한 말씀을 암송
하게 하라. 그들이 완전하진 않지만 진심으로 노력하는 것을 기쁘게
여겨야 한다.

# 4장
# 경건의 미덕을 가르치라

이 장은 자녀에게 일찍부터 경건의
필요성을 심어주고, 특히 무엇보다도 부모에 대한
의무들을 보여주기 위한 규칙들을 담고 있다.

●

●

지금까지는 주로 자녀에게 기독교 신앙의 기본 교리들을 가르치는 방법과 수단들에 대해 이야기했다. 이제는 부모들이 기독교의 미덕들을 어떻게 가르쳐야 하는지를 설명하겠다. 그러나 지금부터는 더 이상 부모들이 각 연령대의 자녀들에게 무엇을 가르쳐야 하는지에 대해서는 이야기하지 않겠다. 어떤 아이들은 다른 아이들이 나중에야 배울 수 있는 것을 훨씬 이른 나이에 배울 수 있기 때문이다. 또 어떤 것들은 배우는 데 10년도 넘게 걸린다. 따라서 부모들은 매년, 매달 다음 규칙들(이 장과 다음 장들에 나오는) 가운데 그 당시 아이에게 가장 잘 뿌리내릴 수 있다고 생각되는 것들을 선택해서 가르쳐야 한다. 부모들이 도중에 중단하거나 약해지거나 줏대없이 행하지 않고, 계속해서 이 일을 해나가기를 바란다.

67. 경건한 의무들을 간략하고 분명하게 묘사하는 교리문답을 외

우게 하라. 감사에 대해 다루는 하이델베르크 교리문답 세 번째 부분에서 이것에 대해 몇 가지 이야기하지만, 매우 딱딱하고 깊이가 없다. 사실 대부분의 짧은 교리문답들은 경건의 실천에 대한 내용이 거의 없다. 그래서 나는 경건한 삶에 수반되는 의무들에 대한 매우 공들여 만든 교리문답을 이 책에 덧붙였다(이 편집본에는 포함되어 있지 않음―편집주). 이것은 20개의 교훈으로 나뉘어, 그 안에서 십계명을 명확하게 설명하고, 십계명에 포함된 의무들과 거기서 금하는 죄들도 설명해놓았다. 독자들은 거기서 믿음의 본질과 믿음의 실천, 참된 회심에 대한 내용을 발견할 수 있고, 은혜의 수단을 바르게 실천하는 방법, 즉 하나님의 말씀을 올바르게 읽고 듣는 법, 거룩한 세례와 성찬을 경건하게 활용하는 법, 기독교인으로서 바르게 기도하는 법에 대한 논의를 발견할 것이다.

이 교리문답이나 더 좋은 것을 그들의 기억 속에 심어 두어, 그들이 사는 동안 늘 귀하게 여기도록 해야 한다. 앞으로 이 교리문답이 어떻게 경건의 실천의 기초가 되는지 점점 더 분명해질 것이다.

68. 자녀들이 이 교리문답을 외울 수 없으면, 자주 읽어야 한다. 부모는 그것을 자녀들에게 읽어주고, 그들이 확실히 이해할 때까지 그 의미를 설명해주어야 한다. 이 문제들에 대해 그들과 토론하고, 단호하고 진지하게 이야기하는 것이 좋다. 모든 질문과 답을 자주 되풀이하라. 그 귀한 보물이 당신의 마음속과 그들의 마음속에 남아 있어야 한다.

69. 자녀들이 경건의 실천에 관한 이 교리문답을 배울 때, 근거가

되는 성경 구절도 함께 익히도록 하는 것이 좋다. 그렇게 함으로써 그들은 하나님의 말씀이 그 자체로 확신케 하는 거룩한 힘을 가지고 있음을 알게 될 것이다.

70. 자녀들이 어릴 때부터 제5계명의 의미와 능력에 대해 가르쳐야 한다. 특히 자녀들에게 부모에 대한 의무와 부모를 거스르는 죄들에 대해 알려줄 필요가 있다. 제5계명에서 이에 대한 간략한 개관을 볼 수 있을 것이다.

71. 자녀들에게 내적인 존경과 존중과 사랑을 요구함으로써 그들이 마음으로 당신을 진정 공경하고, 당신과 함께 있는 것을 기뻐하며, 다시 보고 싶어하고, 당신 곁을 떠나기 싫어하게 해야 한다. 그럴 경우, 그들은 당신의 사랑을 기뻐하며 당신의 가르침과 조언을 귀히 여길 것이다. 당신은 자녀들의 마음을 얻기 위해 노력해야 하며, 자녀들이 겉으로만 순종하는 것에 만족하지 말아야 한다. 솔로몬은 그의 아들에게 이렇게 말했다. "내 아들아 네 마음을 내게 주며"(잠 23:26).

72. 어떻게 외적으로 부모에게 경의를 표해야 하는지 알려주어야 한다. 즉, 당신이 그들에게 다가가거나 말을 걸었을 때, 그들은 자리에서 일어나 모자를 벗고 머리를 숙여 인사해야 한다. 그리고 그들이 당신에게 말할 때나 다른 사람들에게 당신에 대해 말할 때 존경하는 태도로 말해야 한다고 일러주어야 한다.

하나님은 "너는 센 머리 앞에서 일어서고 노인의 얼굴을 공경하며"(레 19:32)라고 명하셨다. 자녀들은 부모 앞에서 더욱더 흔쾌히 일어서야 한다. 솔로몬 왕은 어머니 앞에서 절하고 일어나 영접하였다(왕상 2:19). 요셉은 그의 아버지 앞에서 땅에 엎드려 절하였다(창 48:12). 모세도 그의 장인 앞에서 그와 같이 행하였다. 현숙한 여인들의 자식들은 일어나 감사한다(잠 31:28). 라헬은 그의 아버지 라반에게 이렇게 말했다. "일어나서 영접할 수 없사오니 내 주는 노하지 마소서"(창 31:35).

73. 자녀들이 하나님의 말씀에 따라 아버지와 어머니를 마음속으로 깊이 존경하게 하라. "너희 각 사람은 부모(mother and father)를 경외하고"(레 19:3). 원문에서 어머니가 아버지보다 앞에 언급된 것은 자녀들에게 어머니가 아버지만큼 공경을 받아야 한다는 사실을 나타내기 위함이다. 당신이 명령하고 단호하게 말할 때 그들 마음에 어린아이다운 경외심이 가득하게 하고 당신을 화나게 하거나 슬프게 하거나 당신에게 반항하지 않도록 주의를 주어야 한다.

74. 어릴 때부터 하나님이 금하지 않으시는 모든 일들 안에서 부모에게 순종하는 것이 하나님의 뜻임을 자녀들의 마음에 심어주어야 한다. 이것은 특히 하나님이 제5계명에서 강조하신 부모에 대한 공경을 의미한다. 이것은 또한 다음과 같이 성경 여러 곳에 언급되어 있다. "자녀들아 모든 일에 부모에게 순종하라 이는 주 안에서 기쁘게 하는 것이니라"(골 3:20). "자녀들아 주 안에서 너희 부모에게 순종하라 이것이 옳으니라"(엡 6:1). "너를 낳은 아비에게 청종하고 네 늙은 어미를 경히 여기지 말지니라"(잠 23:22). "내 아들아 네 아비의 훈계를 들으며 네 어미의 법을 떠나지 말라 이는 네 머리의 아름다

운 관이요 네 목의 금사슬이니라"(잠 1:8-9).

이 말씀들은 자녀들이 당신에게 순종하지 않는 것이 곧 하나님께 불순종하는 것임을 의미한다. 따라서 당신에게 순종함으로써 당신을 만족시키고 기쁘게 하는 것을 즐거워해야 한다고 말해주라. 비록 그들이 더 잘 알고 있다고 생각될 때에도 생각과 의지로 당신에게 반항해서는 안 되며, 반박하거나 저항하지 말고 즉시 순종해야 한다는 것을 분명히 가르쳐야 한다.

75. 이른 나이부터 순종하는 데 익숙해지게 하는 것이 좋다. 그들이 자기 고집대로 행동하도록 내버려두지 않아야 한다. 당신의 판단과 의견이 그들의 생각과 다르다고 말한 후에는 그들의 뜻대로 하지 못하게 하고 일찍부터 자기 부인의 미덕을 가르쳐야 한다. 그들의 뜻에 굴복하지 않도록 주의하라. 그들이 완고하게 고집을 부리면 막아야 한다. "임의로 행하게 버려 둔 자식은 어미를 욕되게 하느니라"(잠 29:15)라고 했기 때문이다. 아이들이 자기들 뜻대로 하게 내버려두면, 그들은 그것에 익숙해져서 그렇지 않은 경우는 참지 못한다. 그럴 경우, 그들은 자신의 의지가 좌절되는 것을 참을 수 없기 때문에 누군가가 권위로 자신을 다스리는 것을 견디지 못한다. 순종은 곧 자신의 뜻을 포기하고 부모의 뜻을 따르는 것을 의미한다.

만일 당신이 그들 마음대로 하도록 습관을 들인다면 그들에게 불순종을 가르치는 것이며, 나중에는 너무나 완고해져서 결코 순종할 수 없게 될 것이다. 그러므로 자녀를 기를 때 반드시 부모에게 순종하게 하고, 야고보와 요한의 어머니처럼 그들의 잘못된 생각을 따르지 않도록 하라(마 20:20-21).

76. 자녀들과 지나치게 친밀하고 격식 없이 지내지 않도록 하고, 그들이 당신에게 버릇없이 굴지 못하게 해야 한다. 그들이 당신에게 무례하게 굴거나 경멸하는 행동을 하도록 내버려두면 안 된다. 과도한 친밀감은 경멸로 이어지고 불순종을 초래한다. 따라서 부모와 자녀 사이에 적당한 거리를 유지하고, 그들이 그 거리를 존중하게 해야 한다. 압살롬을 너무 사랑했던 다윗처럼 자식들에게 너무 집착하지 말아야 한다. 압살롬은 자기 형을 살해한 결과 추방당했고 죽어 마땅했다. 그럼에도 여전히 압살롬을 향한 왕의 마음은 간절했다(삼하 13:39). 또한 다윗은 "네가 어찌하여 그리하였느냐"라는 말로 자신의 아들 아도니야의 마음을 섭섭하게 한 적이 한 번도 없었다(왕상 1:6). 그러나 역사는 그들이 얼마나 무례한 자식들이었는지를 보여준다.

77. 자녀들과의 관계에서 너무 거리를 두는 것도 좋지 않다. 그들이 당신을 두려워하게 해서는 안 된다. 종을 다루듯 그들을 지배하려 하지 말고 아이들을 인격적으로 대하라는 말이다. 따라서 당신이 그들을 매우 사랑하며, 당신이 명령하고 꾸짖고 금하는 것들이 그들 자신의 유익을 위한 것이라고 느끼게 만들어야 한다. 당신이 그들을 진정으로 사랑한다는 것을 알 때, 그들은 더욱더 자발적으로 당신에게 순종할 것이며, 자신의 불순종에 대해 더욱더 미안한 마음을 갖게 될 것이다. 그때 그들은 내적으로나 외적으로, 당신이 있을 때나 없을 때나 순종할 것이다. 당신의 사랑을 받은 아이들은

당신을 사랑하게 되면서 부모가 권하는 모든 좋은 것들을 좋아하게 된다. 자녀들과 너무 거리를 두고 지나치게 엄격하게 대한다면, 그들은 당신을 두려워하기만 할 뿐 당신을 썩 좋아하지는 않을 것이다. 그들은 당신의 권위를 경멸하고 당신과의 교제를 소홀히 하고 싶은 마음이 생길 것이다. 반대로 다른 사람들과 함께 어울리는 것을 더 좋아하게 될 것이다. 그러므로 당신이 그들을 진정으로 사랑한다는 것을 그들에게 보여줄 필요가 있다. 그래야만 그들이 잘못했을 때 엄하게 야단칠 수 있다. 그런 관계가 형성되어 있으면 자녀들은 당신이 화난 것이 자신들의 잘못된 행동 때문이지 당신의 개인적인 악감정 때문이 아님을 알 것이다.

78. 자녀들이 마음으로 오직 주님을 두려워하고 성경을 존중하게 해야 한다. 그들에게 어떤 임무를 부여하든, 어떤 죄를 금하든, 항상 근거가 되는 분명한 성경 말씀을 제시하는 것이 좋다. 또한 그들이 이 본문들을 배우고 자주 반복하게 하라. 그렇게 할 때 당신의 명령에는 합당한 이유가 있으며 거룩한 권위가 있다는 것을 경험하게 될 것이다. 그들의 순종은 합당하고 경건한 토대에 근거해야 한다.

그들이 혼자 있고 당신이 보고 있지 않을 때, 그들의 양심이 하나님의 명령을 지키도록 해야 한다. 이런 식으로, 그들이 하나님의 명령을 대하듯 당신의 명령에 진심으로 순종하도록 동기를 부여해야 한다. 그렇지 않으면 그들은 오로지 가식적으로 순종할 것이다.

79. 따뜻하고 부드럽게 반복해서 말함으로써 그들의 사랑을 이끌어 내고, 그로써 당신의 모든 명령을 기분 좋게 받아들이게 해야 한

다. 다윗과 밧세바는 아들 솔로몬에게 항상 부드럽고 다정하게 말했다. 솔로몬은 이렇게 증언한다. "나도 내 아버지에게 아들이었으며 내 어머니 보기에 유약한 외아들이었노라 아버지가 내게 가르쳐 이르기를 내 말을 네 마음에 두라 내 명령을 지키라 그리하면 살리라"(잠 4:3-4). "내 아들아 내가 무엇을 말하랴 내 태에서 난 아들아 내가 무엇을 말하랴 서원대로 얻은 아들아 내가 무엇을 말하랴"(잠 31:2). 이 밧세바의 절규는 그녀의 큰 사랑을 분명히 보여준다. 특히 자녀들이 어떤 이유로 슬퍼할 때 가장 친근하게 그들을 위로하라. 이것은 그들의 기운을 북돋워주며 부모 자식 간의 사랑을 강화시켜준다. 주님은 "어미가 자식을 위로함 같이 내가 너희를 위로할 것인즉"(사 66:13)이라고 말씀하셨다. 이처럼 어머니의 사랑은 매우 깊다.

80. 자녀들이 주님께 순종하는 습관을 들이게 하고, 주의 명령을 어기지 못하게 해야 한다. 그러면 그들은 당신에게도 더욱더 순종할 것이다. 이것은 성경에 분명히 나타나 있는 하나님의 명령이다. "내가 오늘날 너희에게 증거한 모든 말을 너희 마음에 두고 너희 자녀에게 명령하여 이 율법의 모든 말씀을 지켜 행하게 하라"(신 32:46). 아브라함은 하나님으로부터 이러한 말씀을 받았다. "내가 그로 그 자식과 권속에게 명하여 여호와의 도를 지켜 의와 공도를 행하게 하려고 그를 택하였나니 이는 나 여호와가 아브라함에게 대하여 말한 일을 이루려 함이니라"(창 18:19). 다윗이 솔로몬에게 "내 아들 솔로몬아 너는 네 아버지의 하나님을 알고 온전한 마음과 기쁜 뜻으로 섬길지어다 여호와께서는 모든 마음을 감찰하사 모든 의도를 아

시나니 네가 만일 그를 찾으면 만날 것이요 만일 네가 그를 버리면 그가 너를 영원히 버리시리라"(대상 28:9)라고 말했을 때, 솔로몬에 대한 다윗의 태도가 이러했다. 그러므로 여호수아는"오직 나와 내 집은 여호와를 섬기겠노라"(수 24:15)라고 약속했던 것이다.

81. 당신의 권위를 강하게 내세우고, 자녀들 중 그 누구도 당신을 멸시하거나 무시하는 일이 없게 해야 한다. 권위를 가진 자로서 명령하되, 그것을 남용하지 말아야 한다. 자녀들에게 죄를 범하라고 명령하면 안 된다. 그러면 그들은 하나님께 순종하기 위해 당신에게 불순종해야 하기 때문이다. 그들은 하나님 안에서 당신에게 순종해야 한다. 이것은 하나님이 금하시는 일을 하지 않는다는 뜻이다. 거짓말하거나 속이거나 주일을 지키지 않거나 어떤 악한 일을 저지르라고 말하면 안된다. 창세기 29장 23절, 사무엘상 25장 44절, 그리고 마태복음 14장 8절에서 볼 수 있듯이, 라반, 사울, 헤로디아는 자기 딸에게 악한 일을 시켰다. 이 딸들이 그 문제에 있어 부모에게 순종하지 않았더라면 좋았을 것이다. "아버지나 어머니를 나보다 더 사랑하는 자는 내게 합당하지 아니하고 자기 부모와 처자와 형제와 자매와 더욱이 자기 목숨까지 미워하지 아니하면 능히 내 제자가 되지 못하고"(마 10:37; 눅 14:26). 이와 같은 경우, 아들이 아버지에게, 딸이 어머니에게 반대할 수 있다(마 10:35). 그런 이유로 경건하고 열성적인 레위 지파가 칭찬을 받았다(신 33:9). 그리스도는 자기 부모를 위해 성부 하나님의 일을 소홀히 하기를 원치 않았다. 그래서 마리아가 그를 책망하자 "내가 내 아비지 집에 있어야 될 줄

을 알지 못하셨나이까"(눅 2:49)라고 말씀하셨던 것이다. 또한 나사렛 사람들에게 그는 어머니에게 순종하고 말 잘 듣는 아들, 아버지 요셉의 목수 일을 잘 돕는 착한 아들로 알려진 삶을 사셨다(마 13:55; 막 6:3). 자녀들이 죄악을 행하는 아버지나 어머니를 따르고 그들에게 순종할 때, 자녀들도 불경건한 사람이 된다. 아하시아 왕이 바로 그런 경우였다(왕하 22:3).

82. 한 자녀를 다른 자녀들보다 임의로 더 좋아하지 말고, 그런 편애를 드러내면 안 된다. 당신이 그런 특별한 애정을 신앙심 없는 자녀들에게 나타내는 것은 큰 실수다. 왜냐하면 그들은 그런 관심을 받을 자격이 없기 때문이다. 당신이 모든 자녀들을 똑같이 소중하게 여긴다는 것을 알게 하라. 그러나 하나님과 당신과 다른 사람들을 향해 올바로 행하는 자녀들에게는 그들의 행위를 격려해주어 당신의 사랑과 인정을 더 많이 받도록 하라. 비록 그들이 다른 자녀들보다 똑똑하거나 잘 생기지 않았고 당신에게 애교를 부리지 않더라도 말이다. 그래서 다른 자녀들이 그들의 눈에 띄는 미덕과 바른 행위 때문에 당신이 이런 태도를 취한다는 사실을 알고 확신할 수 있도록 해야 한다.

그러나 가능하면 모든 자녀들을 똑같이 긍정적으로 대하기 위해 당신의 애정이 한 방향으로 치우지지 않도록 하는 것이 바람직하다. 이삭은 야곱보다 에서를 더 사랑하는 잘못을 범했다. 이삭이 에서를 사랑한 이유는 그가 사냥한 고기를 좋아했기 때문이었다. 반면에 리브가는 야곱을 사랑했다. 그러나 그후 에서는 부모와 상의

도 없이 경건치 못하고 우상을 숭배하는 두 여인과 결혼함으로써 부모의 가슴을 아프게 했다. 다윗은 다른 자녀들보다 압살롬을 너무 많이 사랑하고 인정해주었다. 그런데 이 아들이 나중에 그에게 가장 잔혹한 아들이 되었다.

83. 자녀들이 합리적으로 당신에게 요청하는 것들은 지체하지 말고 주어야 한다. 이것은 자녀들이 더욱더 당신의 올바른 명령에 부지런히 순종하도록 동기를 부여할 것이다. 갈렙은 딸 악사가 요청하자 윗샘과 아랫샘을 주었다(삿 1:15). 또한 왕이 된 르호보암에게 나이 많은 조언자들은 백성들을 후대하고 기쁘게 하며 그들의 요구에 호의적으로 답해주라고 조언했다. 그러면 그들이 영원히 그의 종이 될 것이기 때문이다(대하 10:3-4,7). 이와 같이 부모들은 때때로 적당한 때에 슬기롭게 자녀들을 기쁘게 하고 그들의 요구를 들어주어야 한다. 이렇게 함으로써 그들은 점점 더 자녀들의 마음을 얻을 수 있고, 계속 순종하도록 이끌 수 있다.

84. 때때로 자녀들이 당신에게 적절한 방법으로 시의적절한 좋은 조언을 할 때 그 조언에 귀를 기울이라. 그렇게 하면 그들도 당신의 정당한 명령에 기꺼이 따르게 될 것이다. 사도행전 7장 1-4절, 창세기 11장 31-32절, 창세기 12장 1절에서 볼 수 있듯이, 데라는 그의 아들 아브라함의 조언을 듣고 우르를 떠나 하란으로 갔다. 라합의 부모들도 여리고가 여호수아에게 포위되었을 때 그녀의 말을 듣고 그녀의 집 안으로 들어갔다(수 2:18-19; 6:23).

85. 자녀들로 하여금 당신이 그들을 위해 감수한 모든 수고와 희

생과 돌봄에 대해, 그들의 아기 때부터 지금까지의 육체적, 영적 건강에 대해 당신에게 얼마나 많이 감사해야 하는지 가르쳐야 한다. 따라서 그들은 당신을 돕고, 당신을 위해 일하며, 작은 일들을 맡아 하고, 당신을 위로하고, 돌보고, 당신의 필요들을 채워주어야 할 의무가 있다. 말라기 3장 17절과 빌립보서 2장 22절 말씀처럼, 아들은 그 아비를 섬겨야 한다.

예수 그리스도는 가난한 어머니의 생계를 위해 목수로 일하셨다(막 6:3). 십자가에 매달려 피 흘리실 때도, 어머니를 돌아보셨다(요 19:26-27). 자녀들은 부모에게 노아, 즉 안위하는 자가 되어야 한다(창 5:29). 그들은 보아스처럼 부모의 생명의 회복자이며 노년의 봉양자가 되어야 한다(룻 4:15). 그들은 부모를 돌봄으로써 부모에게 보답해야 한다(딤전 5:4,16).

86. 자녀들에게 인색하게 굴지 말라. 자신의 유익을 위해 그들을 종처럼 부려먹기만 하고 입을 것 등을 안 주면 안 된다. 이것은 자녀들을 당신으로부터 멀어지게 할 것이다. 라반의 딸들, 라헬과 레아의 불평도 이런 것이었다. 그들은 아버지의 양들을 돌보았는데, 아버지가 큰 부자임에도 불구하고 무일푼으로 시집을 갔다. "우리가 우리 아버지 집에서 무슨 분깃이나 유산이 있으리요 아버지가 우리를 팔고 우리의 돈을 다 먹어버렸으니 아버지가 우리를 외국인처럼 여기는 것이 아닌가"(창 31:14-15).

87. 자녀들에게 원한을 품거나, 성내거나, 애를 태우거나, 잔인하게 굴거나, 모질게 굴지 말라. 이것은 자녀들의 마음을 상하게 하며,

그들과 당신 사이를 이간시키는 원인이 된다. 또한 부모가 너무 성급하게, 너무 자주, 너무 비이성적으로 자녀들에게 분노를 내뿜으면, 그들은 이에 익숙해져서 두려움이 없어지며 부모의 으름이나 벌에 대해서도 동요하지 않게 된다. 바울은 말했다. "아비들아 너희 자녀를 노엽게 하지 말고"(엡 6:4). "아비들아 너희 자녀를 노엽게 하지 말지니 낙심할까 함이라"(골 3:21). 그들은 당신이 그들에게 원하는 대로 행동하지 못하는 것에 낙심하고 좌절하게 된다. 결국에는 별 생각 없이 당신이 금지한 일을 하거나 당신이 명령한 일을 소홀히 하게 된다. 그것이 전혀 중요하지 않다고 생각하게 되기 때문이다.

그들이 최선을 다했을 때도, 부모들이 섣불리 그들을 판단하고 까다롭게 지적하며 야단치면 나중에 자녀들은 어릴 때 받았던 이 거칠고 모진 대우를 기억하고, 부모가 도움을 필요로 할 때 사랑과 감사의 태도를 보이지 않을 가능성이 크다.

88. 자녀들 앞에서 비열하게 행동하거나 온당치 않게 행동해서는 안 된다. 말과 행위와 몸짓이 경솔하거나 어리석거나 우습게 보이지 않아야 한다. 그런 행동은 자녀들로 하여금 부모를 무시하거나 경멸하도록 자극한다. 노아의 죄를 본 그의 아들 함은 그를 경멸하며 말했다(창 9:21-23). 그들 앞에서나 그들이 없는 데서나 중대한 죄를 범하지 말라. 하나님은 때때로 자녀들을 통해 부모에게 벌을 내리신다. 즉, 그들의 마음이 부모로부터 멀어지는 것이다. 당신은 집에서나 어디에서나 경건하게 행동하여 자녀들이 점점 더 당신을 존경하고 따르게 해야 한다(욥 29:7-8).

89. 아버지와 어머니가 서로 싸우면 안 되며, 서로 빈정대거나 경멸하는 투로 말하면 안 된다. 너무 많이 싸우면, 이것을 보고 듣는 자녀들에게 권위를 잃고 존경을 받지 못한다. 그것은 자녀들이 그들을 좋지 않게 생각하도록 부추긴다. 그렇기 때문에 싸움을 좋아하는 아내와 미련한 아들은 종종 같은 집에 산다. 솔로몬은 잠언 19장 13절에 "미련한 아들은 그의 아비의 재앙이요 다투는 아내는 이어 떨어지는 물방울이니라"라고 말한다.

90. 당신의 잘못된 행동 때문에, 자녀들이 당신에게 마땅히 가져야 할 존경과 사랑, 복종, 감사하는 마음을 갖지 못하게 막아서는 안된다. 오히려 당신 편에서 현명하고, 존경할 만하고, 사랑스럽고, 거룩한 행동을 함으로써 자녀의 그러한 좋은 태도를 기르도록 노력해야 한다. 많은 경우 부모에 대한 자녀들의 태도가 올바르지 못한 원인은 바로 부모에게 있다. 그런 부모들은 자녀들 안에서 부패의 씨앗이 잘 발아하게 북돋우고 있는 셈이다.

91. 정당한 이유가 있는 한 자녀들 편을 들어주는 것이 좋다. 이것은 그들의 사랑이 자라게 해준다. 요아스는 그 아들 기드온이 바알의 단을 훼파하였다고 비난하는 사람들에 맞서 기드온의 편을 들어주었다(삿 6:29-31). 반면에, 나면서부터 소경이었다가 앞을 보게 된 사람의 부모는 겁이 나서 뒤로 물러서며 "그에게 물어 보소서 그가 장성하였으니 자기 일을 말하리이다"(요 9:21)라고 말함으로써 자기 자식을 두둔하지 않았다.

92. 자녀들에 관해 하나님께 서원 하거나 또는 그들이 나중에 지

키지도 못할 서원을 하도록 강요함으로써, 자녀들과 관련한 의무를 경솔하게 떠맡는 것은 좋지 않다. 예를 들어, 당신은 당신의 아들이 실제로 능력이 없는데도 설교자나 어떤 중요한 인물이 되기를 원할지 모른다. 또는 자기 딸에 관하여 서원했던 입다처럼, 당신의 딸이 독신으로 살기를 바랄지도 모른다(삿 11:31,35-37,40).

93. 만일 당신의 부모 중 한 분이나 두 분 다 아직 살아 계시다면, 직접 부모에게 순종하는 본을 보여주는 것이 좋다. 당신의 본을 목격한 자녀들은 더욱더 마음을 굳게 먹고 자신의 의무를 다할 것이다. 당신의 부모님을 사랑하고 순종하며, 감사하는 마음으로 좋은 것을 드림으로써 부모를 공경하는 본을 보이라. 레갑 족속들은 레갑의 아들이자 그들의 선조인 요나답의 말에 어린아이들처럼 순종했고, 수세기 후에도 그 자손들은 그들의 선조에게 순종하였다(렘 35:1-10,14).

94. 자녀들에게 도덕과 예절의 원칙들을 심어주어, 그들이 각 사람을 어떻게 합당하게 존중하면서 대해야 하는지 알게 해야 한다. 즉, 가족과 또래뿐 아니라 나이가 많거나 어린 사람들, 복음을 전하는 사역자들, 국가의 권위자들, 학교 선생님들, 친구들과 낯선 사람들을 어떻게 대해야 하는지 가르쳐야 한다. 그들은 복음서에서 "예, 가겠소이다"라고 말한 아들(마 21:30)처럼 윗사람들을 존대하여 어떻게 말해야 하는지 알아야 한다. 또한 조용히 해야 할 때와 다른 사람에게 자리를 양보해야 할 때를 알아야 한다. 즉, 그들은 높임을 받는 자리를 차지해서는 안 되며 가장 낮은 자리에 앉아야 한다는 것을 알아야 한다(레 19:32; 잠 25:6-7; 눅 14:7-8). 머리, 입, 손, 발의 움직임이

잘 조화되어야 한다. 즉, 머리를 숙이고 모자를 벗으며 점잖고 겸손한 표정으로 공손하게 사람들에게 인사해야 한다(욥 29:8-10; 마 5:47).

95. 제5계명과 다른 계명들을 언급하면서 순종과 존경을 강조하라. 제5계명 외에는 십계명의 어떤 계명에도 하나님께서 특별한 약속을 덧붙이지 않으셨다. 그렇기 때문에 사도는 이것이 약속 있는 첫 계명이라고 말한다(엡 6:2). 그것은 하나님이 부모에 대한 자녀들의 순종을 매우 중요하게 여기시며, 이 의무가 엄청나게 중대하다는 증거이다. 이 계명에 순종할 때 약속된 축복이 분명히 따라온다. 여기서 약속된 축복은 생명 자체이며, 이 세상 삶의 길이와 이생의 선한 것들과 위로와 관련된다. 생명보다 더 귀한 것이 무엇이 있는가? 생명으로 인해 우리는 하나님께 가장 큰 영광을 돌려드리기 위해 최고의 것을 행할 참으로 많은 좋은 기회들을 갖게 된다.

자녀들에게 불순종이 얼마나 악한 것인지 인식시켜 주고, 주께서 함, 압살롬, 아도니야, 그리고 엘리의 아들들, 홉니와 비느하스와 같은 불순종하고 반항하는 자녀들에게 어떤 재앙을 내리셨는지 보여주라. 또한 하나님의 말씀에서 셈이나 이삭, 야곱, 요셉, 특히 주 예수님 자신과 같은 순종하는 자녀들의 영광스러운 본들을 보여주라. 하나님은 순종이 그의 자녀들 머리의 아름다운 관이요, 목의 금사슬이 될 것이라고 약속하신다(잠 1:8-9; 13:18). 하나님은 선조에게 순종한 레갑 족속에게 위대한 약속을 하셨다(렘 35:18-19). 또한 야곱이 그의 부모에게 순종했을 때, 꿈 속에서 엄청난 계시가 그에게 임하였다(창 28:7, 10-17).

# 경건의 미덕을 가르치라

## ▶자녀가 존경하는 부모 되기

자녀들과 지나치게 친밀하고 격식 없이 지내지 않도록 하고, 그들이 당신에게 버릇없이 굴지 못하게 하라. 과도한 친밀감은 경멸로 이어지고 불순종을 초래한다. 따라서 부모와 자녀 사이에 적당한 거리를 유지하고, 그들이 그 거리를 존중하게 해야 한다. 압살롬을 너무 사랑했던 다윗처럼 자식들에게 너무 집착하지 말아야 한다.

## ▶순종하는 데 익숙해지게 하기

이른 나이부터 순종하는 데 익숙해지게 하는 것이 좋다. 그들이 자기 고집대로 행동하도록 내버려두지 않아야 한다. 당신의 판단과 의견이 그들의 생각과 다르다고 말한 후에는 그들의 뜻대로 하지 못하게 하고 일찍부터 자기 부인의 미덕을 가르쳐야 한다.

## ▶부드럽고 다정하게 말하기

다윗과 밧세바는 아들 솔로몬에게 항상 부드럽고 다정하게 말했다. 특히 자녀들이 어떤 이유로 슬퍼할 때 가장 친근하게 그들을 위로하라. 이것은 그들의 기운을 북돋워주며 부모 자식 간의 사랑을 강화시켜준다.

# 5장
## 특정한 죄들을 이기도록 가르치라

이 장에서는 자녀들이 특히 어떤 죄들을 극복하도록
가르쳐야 하는지, 이를 위해 어떻게 교훈하고 책망하고
훈련을 시켜야 하는지에 대해 이야기한다.

●

●

여기서는 자녀들이 자주 범하는 특별한 죄들을 언급할 것이다.
동시에 그 죄들을 대적하고, 극복하고, 피할 수 있는 법을 말하고자
한다.

96. 먼저 자녀들의 말과 행동을 주의 깊게 관찰하고, 그들을 유심
히 지켜보라. 그들은 사방에서 유혹을 받으며, 인생의 경험이 없다.
그들은 아직 자기 마음의 부패함과 연약함에 대해 잘 모른다. 그들
은 유혹의 힘과 죄의 쓴맛을 아직 경험하지 못했다. 부모들은 자녀
가 죄악으로 마음이 완고해지고 죄를 지극히 정상적인 것으로 여기
기 전에 리더십을 발휘해야 한다. 따라서 그들이 아주 어릴 때부터
18세가 될 때까지 엄격하고 성실하게 그들을 면밀히 지켜보며 보호
해야 한다. 그들은 집 안이나 밖에서 사람들과 어울리면서, 또는 학
교에서 친구들과 함께 있으면서, 또는 혼자 있으면서 심각한 죄를

범하고 선을 무시하고 악을 좇고 있을지도 모른다. 욥은 항상 자기 자식들을 주의 깊게 살폈다(욥 1:5).

97. 자녀들의 죄를 책망할 때는, 많은 성경 본문이 그 죄를 얼마나 명백하게 금하고 있는지 보여주는 것이 좋다. 그들이 그러한 구절들을 암송하게 하여, 바울이 디모데에 대해 말한 것처럼 사람들이 그들에 대해 말할 수 있게 해야 한다. "또 어려서부터 성경을 알았나니 성경은 능히 너로 하여금 그리스도 예수 안에 있는 믿음으로 말미암아 구원에 이르는 지혜가 있게 하느니라"(딤후 3:15). 디모데는 그의 어머니와 외조모로부터 하나님의 말씀을 먹고 자랐다(딤후 1:5).

98. 비록 모든 세세한 죄들을 다 목격하고 지적할 수는 없지만, 아이들이 아직 어리다는 이유로 죄를 하찮게 생각해서는 안 된다. 그들의 악한 성질은 어른들과 똑같은 것이다. 세월이 지나면서, 그 악한 성질은 점점 더 다루기 힘들어질 것이다. 악한 성향은 처음엔 작은 뿌리로, 줄기로, 가지로 나타나지만, 시간이 지나면서 강하고 구부러지지 않는 가지가 되어 부러뜨리기가 매우 힘들어진다. 주님 또한 어린아이들의 죄를 미워하시며, 그에 대해 일시적이거나 영원한 형벌을 내리신다.

99. 특히 제멋대로 하려는 죄를 잘 처리해야 한다. 아이들은 자기 멋대로 하기 위해, 원하는 것을 얻거나 하기 싫은 일을 하지 않아도 된다는 허락을 받을 때까지 소리 지르고 떼쓰며 운다. 아주 어릴 때부터 그들의 고집을 꺾고, 분명히 안 된다고 한 것은 일관되게 하지 못하게 하고, 좋은 말로 타이르든 위협을 하든 그들이 하기 싫어하

는 일도 하게 해야 한다. 자기 고집이 악행의 핵심이다. 그들은 단지 자신의 생각을 따르고 맹목적으로 자신을 숭배하기 원한다. 그런 그들에게 거절할 것은 거절하고, 벌할 것은 벌해야 한다. 다음과 같은 솔로몬의 말을 일찍 깨달아야 한다. "아이의 마음에는 미련한 것이 얽혔으나 징계하는 채찍이 이를 멀리 쫓아내리라"(잠 22:15).

아이들이 소리 지르고 떼를 쓴다고 해서 마음대로 하게 해서는 안 된다. 그러면 계속 그렇게 할 것이기 때문이다. 여기서 울고, 하고 싶은 대로 하지 못하는 것이 지옥에서 그리하는 것보다 낫다. 그리스도는 "네 백체 중 하나가 없어지고 온 몸이 지옥에 던져지지 않는 것이 유익하며"(마 5:29)라고 말씀하신다. 우리의 세속적인 본성을 일찌감치 처리해야 하며, 어린아이들의 악한 본성에서 나오는 욕망을 채워주어서는 안 된다(롬 13:14; 골 3:5).

자녀들은 모든 것을 자기 뜻대로 할 수 없고 하나님과 부모의 뜻에 복종해야 한다는 것을 알아야 한다. 그들은 모든 일을 자기 마음대로 하면 자신이 위험해지며 매우 불행해진다는 것을 깨달아야 한다(시 81:11-12; 잠 29:15). 절대 그들이 "난 이걸 원해요", "난 저걸 원해요"라고 말하지 못하게 해야 한다. 아주 공손하게 말하더라도, 그들이 바라고 원하는 것을 다 들어주어서는 안 된다. 그들의 의무는 불평하지 않고 만족하는 것이다.

100. 자녀들이 불신과 미신이 담긴 축일을 지키지 못하게 해야한다. 로마 가톨릭교도 부모를 둔 아이들이 그 날들을 지키는 것을 보기 때문에 그들은 분명히 그 날을 지키고 싶어할 것이다. 그들이

축제에 참여하거나, 참회 화요일(Mardi Gras)을 지키거나, 산타클로스를 만나거나, 12일절 전야제를 지키지 못하게 하라. 그것들은 모두 우상을 숭배하는 교황 정치의 유물들이기 때문이다. 당신은 그런 날에 자녀들을 학교에 보내지 않거나 일을 쉬게 해서는 안 되며, 밖에서 놀게 하거나 축제에 참여하게 해서도 안 된다. 주님은 "너희는 너희가 거주하던 애굽 땅의 풍속을 따르지 말며 내가 너희를 인도할 가나안 땅의 풍속과 규례도 행하지 말고"(레 18:3)라고 말씀하셨다. 하나님께서 바알을 섬긴 시일에 따라 개혁교회 신자들을 벌하실 것이며(호 2:12-13), 또한 그런 우상 숭배가 행해질 때 그 자녀들이 무엇을 하는지 지켜보실 것이다(렘 17:18). 그러므로 자녀들이 산타클로스의 선물을 받지 못하게 하며, 선물 추첨권 같은 것을 뽑지 못하게 해야 한다. 대신 다른 날에 그들이 갖고 싶어하는 것들을 선물해주라. 그리고 크리스마스나 부활절, 오순절 등의 날들을 미신적으로 지키는 것은 잘못이므로 개혁파 신자들은 미신적 축제 행사를 멀리해야 한다.

101. 자녀들이 예배와 기도, 성경 읽기, 교리문답 수업에 게으름을 피우거나 꾀를 부리지 못하게 해야 한다. 침대에 누워서 기도하지 못하게 하고, 위대하신 하나님 앞에 무릎을 꿇게 하라. 다윗은 이렇게 말했다. "내 아들 솔로몬아 너는 네 아버지의 하나님을 알고 온전한 마음과 기쁜 뜻으로 섬길지어다"(대상 28:9). "오라 우리가 굽혀 경배하며 우리를 지으신 여호와 앞에 무릎을 꿇자"(시 95:6).

102. 자녀들이 하나님의 이름을 망령되이 일컫거나 쓸데없이 하

나님이나 예수님의 이름을 입에 올리면, 엄하게 벌을 주어야 한다. 십계명의 세 번째 계명은 이렇다. "여호와는 그의 이름을 망령되게 부르는 자를 죄 없다 하지 아니하리라"(출 20:7).

103. 절대 하나님이나 자신의 영혼을 걸고 맹세하지 못하게 하며, 또한 거짓 맹세하지 못하게 하라. 그들에게 이런 행위는 사악하고 가증하다는 것을 알려주라. '반드시', '기필코' 등 강한 확신의 말을 내뱉지 못하게 하라. 그들은 '예'나 '아니오'로만 대답해야 한다. 그리스도께서 "나는 너희에게 이르노니 도무지 맹세하지 말지니 하늘로도 하지 말라 이는 하나님의 보좌임이요 땅으로도 하지 말라 이는 하나님의 발등상임이요 예루살렘으로도 하지 말라 이는 큰 임금의 성임이요 네 머리로도 하지 말라 이는 네가 한 터럭도 희고 검게 할 수 없음이라 오직 너희 말은 옳다 옳다 아니라 아니라 하라 이에서 지나는 것은 악으로부터 나느니라"(마 5:34-37)고 말씀하셨기 때문이다.

104. 그들이 너무 빠른 속도로 기도문을 줄줄 외지 않도록, 기도하는 도중에 주변을 두리번거리지 않도록, 하나님의 말씀을 불손하게, 또는 건성으로 읽거나 듣지 않도록, 진리에 관한 기본 교리를 묻는 질문에 생각없이, 또는 불손하게 외워서 대답하지 않도록 주의를 주어야 한다. 전도서의 저자는 말하기를, "너는 하나님 앞에서 함부로 입을 열지 말며 급한 마음으로 말을 내지 말라 하나님은 하늘에 계시고 너는 땅에 있음이니라"(전 5:2)고 했다. 그리고 이사야 66장 2절에서 하나님은 "내 말을 듣고 떠는 자 그 사람은 내가 돌보려

## HET KIND GEWAARSCHOUWT.

Die Oog en Ooren heeft gemaakt:
Denkt, dat hy hoort, en dat hy waakt.

## 아이에 대한 경고

눈과 귀를 창조하신 이가
보기도 하고 듣기도 하시니 이를 기억하라.
말씀이 분명히 보인 바와 같이
아이는 그가 행하는 모든 것을
그의 부모는 설혹 모르더라도,
사랑하는 분이자 모든 것을 보고 들으시는 분,
피조물이 그의 부름에 응답하게 하시는 분,
하나님이 보고 계시는 것을 알아야만 한다.

니와"라고 말씀하셨다.

105. 자녀들에게 저주나 악담이 얼마나 무서운 것인지 심어주고, 자신이나 다른 사람들에 대해 저주의 말을 내뱉으면 반드시 혼내야 한다. 예를 들어 '제기랄'처럼 불명확한 말을 하더라도 따끔하게 혼내야 한다. 하나님은 "누구든지 저주하는 소리를 듣고서도(그 자신이 그런 말을 한 장본인이라면 더더욱) 증인이 되어 그가 본 것이나 알고 있는 것을 알리지 아니하면 그는 자기의 죄를 져야 할 것이요 그 허물이 그에게로 돌아갈 것이며"(레 5:1)라고 말씀하셨기 때문이다.

106. 자녀들이 제비뽑기를 하지 않도록 주의를 주고, 카드놀이나 도박을 하지 못하게 하라. 이런 것들은 하나님을 두려워하는 자녀들이 참여해서는 안 되는 악마의 게임들이기 때문이다. 같은 이유로, 주사위를 사용하는 보드게임들도 못하게 해야 한다. 하나님께서는 우리가 제비를 게임이 아니라 하나님을 예배하는 일에 거룩하게 사용하기 원하신다는 것을 보여주어야 한다. "제비는 사람이 뽑으나 모든 일을 작정하기는 여호와께 있느니라"(잠 16:33)라는 구절에서 알 수 있듯이 제비는 하나님의 섭리와 관련이 있다. 카드게임에서는 기술이 반드시 필요하나, 카드의 분배는 운에 따라 결정된다. 그들이 할 수 있는 다른 정당한 게임들이 있다. 그러므로 이렇게 사람의 마음을 매혹시키는 불경건한 게임들을 하지 않도록 주의를 주어야 한다. 당신이 진정 그들을 사랑한다면 그들이 그 유혹에 넘어갔을 때 빨리 징계해야 한다(잠 13:24).

107. 주일날에는 자녀들이 집이나 길거리나 교회에서, 설교 시간

에 또는 그 후에도 뛰어놀지 못하게 하며, 주의 날을 더럽히지 못하게 해야 한다. 그날에는 사탕도 사지 못하게 하라. 따라서 주일에는 용돈을 주지 말아야 한다.

어릴 때부터 안식일을 거룩하게 지키게 해야 한다. 즉, 놀거나 아무데나 가서 온갖 세속적인 이야기를 하거나 빈둥거리는 대신, 교회에 가서 하나님께 예배드리고, 말씀을 암송하고, 교리 공부를 하고, 집에서 성경을 읽고, 찬송하고, 신앙에 대해 이야기하도록 해야 한다. 하나님은 제4계명에서 "안식일을 기억하여 거룩히 지키라"(출 20:8)고 말씀하셨다. 제7일은 "쉴 안식일이니 성회라"(레 23:3)고 했다. 그러므로 아이들과 어른들 모두 성회로 모여, 듣고 배우고, 하나님 여호와를 경외하기를 배워야 한다(신 31:12-13). 또한 느헤미야가 말했듯이 식료품과 온갖 종류의 상품을 파는 것은 안식일을 더럽히는 악한 행위이다(느 13:15-17).

108. 당신을 향한 자녀들의 불순종과 반항, 오만과 경멸이 말과 행동, 또는 몸짓으로 나타날 때, 그들의 잘못된 행위나 고집의 정도에 따라 꾸짖고 벌을 주어야 한다. 주님은 이런 죄를 아주 싫어하셔서, 심각한 경우 불순종하고 반항하는 자녀는 나라에서 사형에 처할 수도 있었고 또 그래야 했다(신 21:18,21). 또는 압살롬이나 다른 사람들의 경우에서 알 수 있듯이, 하나님 자신이 직접 개입하시기도 한다. 하나님은 불순종하는 자녀들의 명을 단축시키시고, 순종하는 자녀들의 명을 늘려주신다. 그러므로 그들이 불경하고 불순종하는 악한 행위에서 멀어지도록 징계의 회초리를 들어야 한다. 육신

의 아버지가 자녀들을 징계할 때, 그는 그로 인해 존경을 받는다(히 12:9). 자녀들에게 다음 말씀을 명심하도록 가르쳐야 한다. "그의 부모를 경홀히 여기는 자는 저주를 받을 것이라 할 것이요 모든 백성은 아멘 할지니라"(신 27:16). "자녀들아 주 안에서 너희 부모에게 순종하라 이것이 옳으니라"(엡 6:1).

109. 자녀들이 서로 말다툼하거나 싸우지 못하게 하고, 서로 욕하고 불평하지 못하게 해야 한다. 서로 괴롭히거나 죄짓게 도발하지 못하게 하고, 서로 부정적인 별명을 붙이지 못하게 해야 한다. 대신 진정으로 사랑하고, 참고, 도와주며, 사이좋게 지내도록 해야 한다. 자녀들에게 다음 말씀을 가르치라. "육체의 일은 분명하니 곧 음행과 더러운 것과 호색과 우상 숭배와 주술과 원수 맺는 것과 분쟁과 시기와 분냄과 당 짓는 것과 분열함과 이단과…"(갈 5:19-20). "형제를 대하여…미련한 놈이라 하는 자는 지옥 불에 들어가게 되리라"(마 5:22). "유순한 대답은 분노를 쉬게 하여도 과격한 말은 노를 격동하느니라"(잠 15:1). "형제가 연합하여 동거함이 어찌 그리 선하고 아름다운고…거기서 여호와께서 복을 명령하셨나니 곧 영생이로다"(시 133:1, 3). 형제 관계에 대해 가인, 이스마엘, 에서, 압살롬의 나쁜 예들을 들어 이야기해주면 더 좋다.

110. 처음부터 자녀들의 나쁜 성질과 분노를 잘 다루어야 한다. 잘못된 이유로 화를 내고 특히 화를 풀지 않는 것이 얼마나 큰 죄인지 알려주는 것이 좋다. 결국 분노에서 증오가 싹트고, 살인으로 이어지는 것이다. 그러므로 그들에게 다음 말씀을 자주 상기시켜주라.

"형제에게 노하는 자마다 심판을 받게 되고 형제를 대하여 라가라 하는 자는 공회에 잡혀가게 되고"(마 5:22). "급한 마음으로 노를 발하지 말라 노는 우매한 자들의 품에 머무름이니라"(전 7:9). "분을 내어도 죄를 짓지 말며 해가 지도록 분을 품지 말고 마귀에게 틈을 주지 말라"(엡 4:26-27). "그 형제를 미워하는 자마다 살인하는 자니"(요일 3:15). 또한 잠언 22장 24절, 25장 28절 말씀을 일러주며, "너희의 단장은… 오직 마음에 숨은 사람을 온유하고 안정한 심령의 썩지 아니할 것으로 하라 이는 하나님 앞에 값진 것이니라"(벧전 3:3-4)라는 말씀에 대해서도 이야기해주어야 한다. "온유한 자는 복이 있나니 그들이 땅을 기업으로 받을 것임이요"(마 5:5). 하나님은 온유한 자의 소원을 들으신다(시 10:17). 그는 그들에게 그의 도를 가르치신다(시 25:9). 온유한 자는 먹고 배부를 것이다(시 22:26). 온유한 자는 기쁨이 더할 것이다(사 29:19). 주께서 온유한 자를 구속하시고 구원으로 옷 입혀주실 것이다(시 76:9; 147:6; 149;4; 습 2:3).

111. 자녀들에게 악을 악으로 갚는 것, 싸우고 때리는 것, 자기가 맞았을 때 같이 때리는 것에 대해 경계하도록 해야 한다. 바울은 이렇게 말한다. "내 사랑하는 자들아 너희가 친히 원수를 갚지 말고 진노하심에 맡기라 기록되었으되 원수 갚는 것이 내게 있으니 내가 갚으리라고 주께서 말씀하시니라"(롬 12:19). 야고보는 싸움과 다툼이 "너희 지체 중에서 싸우는 정욕으로 좇아 난 것"(약 4:1)이라고 말한다. 또 그리스도는 "나는 너희에게 이르노니 악한 자를 대적하지 말라 누구든지 네 오른편 뺨을 치거든 왼편도 돌려 대며"(마 5:39)라고

말씀하신다. 그러므로 자녀들에게 보복을 권하거나 허락하지 않도록 매우 조심해야 한다. 부모는 자녀들이 아주 어릴 때부터 때리지 않고 보복하지 않도록 가르쳐야 한다.

112. 형제나 자매가 어떤 것을 갖거나 자기보다 더 많이 가질 때 쉽게 질투하는 마음을 호되게 꾸짖어야 한다. 시기나 질투는 악한 본성에서 나오는 육체의 일이며(갈 5:20), 시기는 뼈를 썩게 하고(잠 14:30), 요셉의 형들이나 탕자의 형의 경우에 분명히 나타나듯이 여러 악의 원인이 된다(눅 15:28-29). 아삽은 악인의 형통함을 보고 오만한 자를 질시하였으나, 바로 그로 인해 주의 앞에 자신이 짐승이라고 말했다(시 73:3,22).

113. 자녀들이 삶 속에서 탐욕 및 무절제와 싸우되, 먹는 것과 관련해서 너무 까다롭게 굴지도 말게 해야 한다. 그들에게 좋은 음식을 적당한 양만큼 주고, 그들이 원하는 것을 원하는 만큼 많이, 자주 주지 않는 것이 좋다. 당신은 자녀들에게 어느 정도가 충분하고 유익한지 알아야 한다. 이 점에서 그들이 주도권을 잡게 해서는 안 된다. 그들에게 무엇을, 얼마나 먹는 것이 그들의 건강에 좋은지 말해 주고, 그들이 아프지 않도록 더 많이 주지도, 그들이 원하는 대로 다 주지도 않을 거라고 말하라. 자녀들의 쾌락과 욕구에 그릇되게 동조함으로써 그들의 영혼과 몸을 부패시키고 파괴하지 않도록 조심해야 한다. 그들에게 쓸데없이 포도주를 주지 않는 것이 좋다. 더 나이가 들면, 포도주가 한결 더 그들에게 이로울 것이다. 때때로 그들에게 정말 맛있는 것을 줄 때는 거기에는 영양가가 거의 없으며, 가

난한 집 아이들도 똑같이 맛있는 음식을 먹도록 나누어주어야 한다고 말해주라. 이런 식으로, 그들이 맛있는 음식에 지나치게 집착하지 않게 하는 것이 좋다. 탐식은 매우 악하며, 그 뿌리는 아주 깊기 때문이다. 매일 호화롭게 살다가 지옥에 가게 된 부자의 이야기를 많이 들려주라(눅 16:19). 그들에게 다음 말씀을 가르치라. "소돔의 죄악은 이러하니 그와 그의 딸들에게 교만함과 음식물의 풍족함과 태평함이 있음이며"(겔 16:49). "너희는 스스로 조심하라 그렇지 않으면 방탕함과 술취함과 생활의 염려로 마음이 둔하여지고"(눅 21:34). "대신들은 취하지 아니하고 기력을 보하려고 정한 때에 먹는 이 나라여 네게 복이 있도다"(전 10:17). "술을 즐겨 하는 자들과 고기를 탐하는 자로 더불어 사귀지 말라"(잠 23:20).

114. 자녀들이 상스러운 말을 하거나 천박한 노래가사를 흥얼거리거나 바람직하지 않은 사랑 이야기에 빠져들지 않도록 주의 깊게 지켜 보아야 한다. 이런 식으로 이른 나이에 부정하고 불결한 것들이 그들 안에 스며들어 불을 지르는 것이다. 음란한 대화나 미련한 이야기들, 상스럽고 쓸데없는 잡담을 듣게 해서도 안 된다. 바울은 "음행과 온갖 더러운 것과 탐욕은 너희 중에서 그 이름조차도 부르지 말라 이는 성도에게 마땅한 바니라 누추함과 어리석은 말이나 희롱의 말이 마땅치 아니하니"(엡 5:3-4)라고 말한다. 또 "속지 말라 악한 동무들은 선한 행실을 더럽히나니"(고전 15:33)라고 말한다. 당신의 자녀들이 이 점에서 죄가 있는 것을 발견하면, 반드시 바로잡고 이 죄가 얼마나 비열하고 혐오스러운 것인지 알려주어야 한다. 그러

므로 그들이 몰래 읽는 책이 무엇인지 살펴볼 필요가 있다.

115. 자녀들이 춤을 추거나 춤을 배우도록 내버려두지 말아야 한다. 극장에 가는 것도 조심시켜야 한다. 그것이 그들의 영혼을 부패시키는 지름길이기 때문이다. 이런 식으로 그들은 천박하고, 부주의하고, 지나치게 놀기 좋아하는 사람이 될 수 있다. 그들은 사람들의 죄와 부도덕함을 생생하게 보고 듣는다. 이것은 하나님을 섬기기 원하고 지옥을 면하기 원하는 사람들에게 어울리지 않는 것이므로 싫어하게 만들어야 한다. 그들에게 광야에서 금송아지 주변을 돌며 춤추던 이스라엘 백성들의 이야기(고전 10:7)를 들려주고 헤로디아의 딸이 춤을 추었던 사실도 지적하라(막 6:22-25).

116. 자녀들 가운데 나타나는 경박함, 부주의한 행실, 잘못된 행동, 부도덕함을 비판하고 경책해야 한다. 물론 몸을 건강하게 하고 명랑하고 활기찬 마음을 기르는 데 도움이 되는 게임과 놀이는 허용해주어야 한다. 그러나 특히 여자아이들의 경우 거리를 배회하지 못하게 해야 한다. 사도는 "자기 집을 잘 다스려 자녀들로 모든 공손함으로 복종하게 하는 자라야 할지며"(딤전 3:4)라고 말한다. 솔로몬은 매춘부에 대해 말하기를 "이 여인은 떠들며 완악하며 그의 발이 집에 머물지 아니하여 어떤 때에는 거리 어떤 때에는 광장 또 모퉁이마다 서서 사람을 기다리는 자라"(잠 7:11-12)라고 했다. 여자가 남자 옷을 입거나 남자가 여자 옷을 입도록 허용해서는 더더욱 안 된다. 하나님은 "여자는 남자의 의복을 입지 말 것이요 남자는 여자의 의복을 입지 말 것이라 이같이 하는 자는 네 하나님 여호와께 가증

한 자니라"(신 22:5)라고 말씀하셨다.

117. 자녀들 안에 교만과 오만이 자리잡을 틈을 주지 말고, 그들 마음속에서 이런 것들이 사라지도록 헌신적으로, 지혜롭게 노력해야 한다. 세상의 유행을 좇아 옷을 입히지 말고, 수수하고 사회적 지위와 때에 맞는 적당한 옷차림을 하게 하는 것이 바람직하다. 자녀들에게 예쁜 옷을 칭찬하기보다는 검소함을 권하고, 때때로 옷차림 때문에 갖게 되는 교만과 자랑, 허영심을 비판하라. 그렇게 하면 교만과 허영심에 대한 반감을 그들 마음속에 심어줄 수 있다. 자녀들 안에 교만과 오만이 공공연히 나타날 수 있는 모든 길을 차단해야 한다. 동시에 그들에게 유익한 것을 신중하게 권해주어야 한다. 그들을 좌절시키지 않으려면 그것이 반드시 필요하다.

다른 아이들이 화려한 옷을 입은 모습을 볼 때, 그런 것들에 집착하는 것은 부끄러운 일이며 그들을 부러워하지 말아야 한다고 가르쳐야 한다. 반대로 수수한 옷차림으로 다니는 다른 아이들을 칭찬해 주라. 다음 성경 말씀을 가르쳐주면 좋다. "다 서로 겸손으로 허리를 동이라 하나님은 교만한 자를 대적하시되 겸손한 자들에게는 은혜를 주시느니라"(벧전 5:5). "이 세상이나 세상에 있는 것들을 사랑하지 말라 누구든지 세상을 사랑하면 아버지의 사랑이 그 안에 있지 아니하니"(요일 2:15).

그리스도는 "나는 마음이 온유하고 겸손하니 나의 멍에를 메고 내게 배우라"(마 11:29)라고 말씀하셨다. 또 솔로몬은 이렇게 말했다. "겸손과 여호와를 경외함의 보상은 재물과 영광과 생명이니라"(잠

22:4). "교만이 오면 욕도 오거니와 겸손한 자에게는 지혜가 있느니라"(잠 11:2). "여호와께서는 높이 계셔도 낮은 자를 굽어 살피시며 멀리서도 교만한 자를 아심이니이다"(시 138:6).

118. 자녀들이 나태함과 게으름을 미워하도록 가르쳐야 한다. 어릴 때부터 부지런하고 근면하도록 격려하여 시간을 귀중히 여기고 낭비하지 않게 하는 것이 좋다. 그들에게 시간이 얼마나 귀한 것인지, 인생이 얼마나 짧은지, 우리가 해야 할 일이 얼마나 많은지 알려주라. 인생의 행복과 불행이 이 짧은 시간에 달려 있음을 보여줄 필요가 있다.

쓸데없이 빈둥거리거나 자면서 시간을 낭비하는 것이 얼마나 무서운 일인지 말해주고 어릴 때부터 여가를 유익하게 보내게 해야 한다. 이것은 청소년들에게도 똑같이 적용된다. 마귀는 게으른 손을 이용한다는 것을 말해주라. 그러므로 어릴 때부터 학교에 가서 무언가를 배우게 해야 한다.

그리고 다음 성경 말씀들을 보여주라. "게으른 자의 욕망이 자기를 죽이나니 이는 자기의 손으로 일하기를 싫어함이니라"(잠 21:25). "게으른 자여 개미에게 가서 그가 하는 것을 보고 지혜를 얻으라… 게으른 자여 네가 어느 때까지 누워 있겠느냐 네가 어느 때에 잠이 깨어 일어나겠느냐 좀 더 자자 좀 더 졸자 손을 모으고 좀 더 누워 있자 하면 네 빈궁이 강도 같이 오며 네 곤핍이 군사같이 이르리라"(잠 6:6, 9-11). "너희에게 명하기를 누구든지 일하기 싫어하거든 먹지도 말게 하라 하였더니"(살후 3:10). "조용히 자기 일을 하고 너희 손으로 일하기를 힘쓰라"(살전 4:11). "이에 이르되 내가 나온 내 집으로 돌아가리라 하고 와 보니 그 집이 비고 청소되고 수리되었거늘 이에 가서 저보다 더 악한 귀신 일곱을 데리고 들어가서 거하니 그 사람의 나중 형편이 전보다 더욱 심하게 되느니라"(마 12:44-45). "세월을 아끼라 때가 악하니라"(엡 5:16).

119. 탐욕을 미워하도록 가르치고, 관대함의 미덕을 갖게 해야 한다. 세상의 부와 재물을 경멸하며 말함으로써 그들이 세상 것들을 사랑하거나 귀히 여기지 않게 해야 한다. 세상의 부유하고 유명한 사람들이 아니라, 가난하더라도 경건하고 지혜로운 사람들에 대해 경외심을 가지라고 말하라. 다른 사람들에게 베푸는 습관을 들이고, 이기주의의 죄가 얼마나 끔찍한 것인지 가르쳐야 한다. 그들이 형제나 자매들에게 무언가를 주기 좋아할 때 칭찬해주고, 오로지 자기 혼자만 가지려 할 때 책망해야 한다.

가난한 자들에게 후히 베풀도록 격려하고, 또한 자기가 가진 돈의 일부를 가난한 자들에게 나누어주게 하는 것이 좋다. 나사로에게 아무것도 주지 않았던 부자가 지옥에서 자신의 혀를 적셔줄 물한 모금 마시지 못한 이야기를 들려주면 도움이 된다.

당신은 또한 그들에게 낭비하지 않도록 경고해야 하지만, 탐욕의 무서운 성질을 깨닫게 하는 데 더 큰 노력을 들여야 한다. 그러므로 다음 성경 말씀을 가르치라. "탐심은 우상 숭배니라"(골 3:5). "탐하는 자 곧 우상 숭배자는 다 그리스도와 하나님의 나라에서 기업을 얻지 못하리니"(엡 5:5). "미혹을 받지 말라…도적이나 탐욕을 부리는 자나 술 취하는 자나 모욕하는 자나 속여 빼앗는 자들은 하나님의 나라를 유업으로 받지 못하리라"(고전 6:9-10). "선을 행하고 선한 사업을 많이 하고 나누어 주기를 좋아하며 너그러운 자가 되게 하라"(딤전 6:18). "버리는 것이 없게 하라"(요 6:12).

120. 다른 사람의 것을 훔치거나 남용하지 못하도록 분명히 경고해야 한다. 그런 행동을 하는 것을 보았을 때는 아주 확실하게 벌을 주라. 또한 그들이 당신의 돈을 가져갔을 때도 그렇게 해야 한다. 돈을 가지고 놀지 못하게 하고, 그들이 말한 것을 지키게 해야 한다. 남의 것을 훔쳤으면, 잘못을 바로잡게 하라. 주님은 "도둑질하지 말며 속이지 말며"(레 19:11)라고 말씀하신다. "부모의 물건을 도둑질하고서도 죄가 아니라 하는 자는 멸망 받게 하는 자의 동류니라"(잠 28:24). "불의한 자가 하나님의 나라를 유업으로 받지 못할 줄을 알지 못하느냐"(고전 6:9). 삭개오는 회심한 후 이렇게 말했다. "만일 누구의 것을 속여 빼앗은 일이 있으면 네 갑절이나 갚겠나이다"(눅 19:8).

121. 자녀들이 나쁜 친구들을 멀리하게 하고, 특히 불경건한 친구들과 어울리지 않게 해야 한다. 나쁜 친구는 자녀들을 부패시키고 지옥으로 이끄는 길이다. 그러므로 당신은 자녀들과 함께 어울릴 친구들을 골라주어야 한다. 학교에는 불경건하고 나쁜 말을 거침없이 내뱉는 버릇없는 아이들, 불순종하고, 싸움을 잘하고, 모든 것을 비웃는 아이들이 많다. 그런 경우, 자녀들을 학교에 보내지 않고 집에서 직접 가르쳐도 좋다. 자녀들을 계속 주시하고, 자주 경계하여 나쁜 친구들에게 물들지 않도록 하고, 필요하다면 그들을 꾸

짖어야 한다. 그들의 본성은 타락했으므로, 그런 나쁜 본보기들을 쉽게 받아들이고, 기억하며, 따르기 때문이다.

반드시 다음 성경 말씀을 잘 이해하고 명심하게 해야 한다. "복있는 사람은 악인들의 꾀를 따르지 아니하며 죄인들의 길에 서지 아니하며 오만한 자들의 자리에 앉지 아니하고"(시 1:1). "나는 주를 경외하는 모든 자들과 주의 법도들을 지키는 자들의 친구라"(시 119:63). "지혜로운 자와 동행하면 지혜를 얻고 미련한 자와 사귀면 해를 받느니라"(잠 13:20). "악한 동무들은 선한 행실을 더럽히나니"(고전 15:33). "너희는 열매 없는 어둠의 일에 참여하지 말고 도리어 책망하라"(엡 5:11). "그들이 주의 법을 지키지 아니하므로 내 눈물이 시냇물같이 흐르나이다"(시 119:136). "땅에 있는 성도들은 존귀한 자들이니 나의 모든 즐거움이 그들에게 있도다"(시 16:3).

122. 자녀들이 당신이나 다른 누구에게 거짓말을 하는 것을 용납해주면 안 된다. 그래야 하는 가장 큰 이유는 그들이 당신을 속이려 했다는 것보다 하나님과 양심을 거슬렀기 때문이다. 그들이 그 죄를 미워하게 해야 한다. 그러나 당신도 때때로 거짓말하는 것을 그들이 보거나, 당신이 그들에게 한 이야기가 나중에 가짜라는 것을 알게 되거나, "악한 귀신이 너를 잡으러 올 것이다"라는 말로 그들을 두렵게 만들었거나, 그들에게 꾸며낸 이야기를 들려준다면, 그들은 거짓말을 미워할 수 없을 것이다. 거짓말은 그들을 지옥으로 이끌며 마귀처럼 되게 만들지만, 진리를 말하는 것은 하나님을 기쁘시게 하며, 칭찬할 만한 일이라는 것을 가르쳐줄 필요가 있다.

성경에도 "거짓말하는 모든 자들은 불과 유황으로 타는 못에 던져지리니"(계 21:8)라고 쓰여 있다. "개들과 점술가들과 음행하는 자들과 살인자들과 우상 숭배자들과 및 거짓말을 좋아하며 지어내는 자는 다 성 밖에 있으리라"(계 22:15). "너희는 너희 아비 마귀에게서 났으니 너희 아비의 욕심대로 너희도 행하고자 하느니라 그는 처음부터 살인한 자요 진리가 그 속에 없으므로 진리에 서지 못하고 거짓을 말할 때마다 제 것으로 말하나니 이는 그가 거짓말쟁이요 거짓의 아비가 되었음이라"(요 8:44). "거짓 입술은 여호와께 미움을 받아도"(잠 12:22). "의인은 거짓말을 미워하나 악인은 행위가 흉악하여 부끄러운 데에 이르느니라"(잠 13:5). "주는 모든 행악자를 미워하시며 거짓말하는 자들을 멸망시키시리이다"(시 5:5-6). "그런즉 거짓을 버리고 각각 그 이웃과 더불어 참된 것을 말하라 이는 우리가 서로 지체가 됨이라"(엡 4:25). 그러므로 거짓말을 눈감아주지 말고, 그들이 직접 그 쓴맛을 느끼게 해주라.

123. 어리석은 말, 조롱하는 말, 비방하는 말을 함부로 내뱉지 못하게 해야 한다. 때때로 침묵을 지키도록 가르치며, 특히 자기 자신이나 다른 사람들에게 아무런 득이 되지 않는 쓸데없고 공허한 말을 지껄이지 않도록 가르쳐야 한다. 다른 사람 뒤에서 험담하지 않도록 조심시키라. 그 말이 사실이라도 상관없고, 그들이 다른 사람들에게서 그 말을 들었더라도 상관없다. 어떤 경우에도 뒤에서 험담하면 안 된다. 특히 경건한 사람들을 비웃지 못하게 해야 한다. 그들이 경건한 형제, 자매들을 비웃는 이스마엘들이 되지 않게 하라.

사도는 갈라디아서 4장 29절에서 그 행위를 '핍박'이라고 말했다. 그들에게 모든 면에서 혀를 절제하도록 가르치고, 다음 성경 말씀을 마음에 심어줄 필요가 있다.

"이는 마음에 가득한 것을 입으로 말함이라 선한 사람은 그 쌓은 선에서 선한 것을 내고 악한 사람은 그 쌓은 악에서 악한 것을 내느니라 내가 너희에게 이르노니 사람이 무슨 무익한 말을 하든지 심판날에 이에 대하여 심문을 받으리니"(마 12:34-36). "내가 말하기를 나의 행위를 조심하여 내 혀로 범죄하지 아니하리니 악인이 내 앞에 있을 때에 내가 내 입에 재갈을 먹이리라 하였도다"(시 39:1). "입을 지키는 자는 자기의 생명을 보전하나 입술을 크게 벌리는 자에게는 멸망이 오느니라"(잠 13:3). "말이 많으면 허물을 면하기 어려우나"(잠 10:19). "너는 네 백성 중에 돌아다니며 사람을 비방하지 말며"(레 19:16).

124. 자녀들이 현재 가지고 있는 먹을 것과 입을 것 또는 돈에 대해 만족하지 않고 항상 더 많이 원하거나 다른 것을 원할 때, 그들의 불만과 불평의 죄를 심각하게 다루어야 한다. 그들은 자기가 갖지 못한 것 때문에 불평하며, 자기가 가진 것을 당연하다는듯이 받아들인다. 당신은 특히 그들이 불평하고, 비쭉거리고, 푸념하고, 인상을 찌푸리는 것을 참아주어서는 안 된다. 그것은 타고난 고집의 나쁜 열매이며, 회초리로 다스려 제거해야 한다. 바울은 "있는 바를 족한 줄로 알라"(히 13:5)고 말한다. 그런 상황에서 그들의 시무룩한 기분을 받아주고 그들을 만족시키기 위해 어떤 것을 주는 것은 옳

지 않다.

125. 이런 꾸짖음이 자녀들에게 얼마나 유익하고 필요한지, 또 그들의 영혼에 얼마나 유익한지 분명히 말해주는 것이 좋다. 하나님은 부모들에게 회초리를 사용하고 그들을 징계하라고 명령하신다. 만일 부모들이 이 일을 하지 않으면, 하나님께 불순종하는 것이고 따라서 엘리처럼 하나님께 벌을 받을 것이다. 그는 자기 자녀들한테 너무 약하고 우유부단했다. 당신이 자녀들을 혼내지 않으면 사실상 그들을 미워하는 것이며 그들이 지옥에 가도록 내버려두는 것인데, 당신은 절대 그럴 수 없다는 사실을 보여주어야 한다.

그들에게 다음 성경 말씀들을 보여주면 도움이 된다. "매를 아끼는 자는 그의 자식을 미워함이라 자식을 사랑하는 자는 근실히 징계하느니라"(잠 13:24). "네가 네 아들에게 희망이 있은즉 그를 징계하되"(잠 19:18). "아이를 훈계하지 아니하려고 하지 말라 채찍으로 그를 때릴지라도 그가 죽지 아니하리라 네가 그를 채찍으로 때리면 그 영혼을 음부에서 구원하리라"(잠 23:13-14). "아이의 마음에는 미련한 것이 얽혔으나 징계하는 채찍이 이를 멀리 쫓아내리라"(잠 22:15). "채찍과 꾸지람이 지혜를 주거늘 임의로 행하게 버려둔 자식은 어미를 욕되게 하느니라…네 자식을 징계하라 그리하면 그가 너를 평안하게 하겠고 또 네 마음에 기쁨을 주리라"(잠 29:15,17).

126. 자녀들을 너무 적게, 너무 많이, 또는 너무 늦게 야단치지 않는 것이 좋다. 필요할 때 너무 적게 야단을 치면, 그들은 벌받는 것을 무서워하지 않고 자랄 것이다. 그러면 벌주는 것이 효과가 없다.

너무 많이 야단을 치면 그들을 낙심하게 만들고 도리어 부모에 대한 반감을 키우게 된다. 또 잠언 13장 24절 말씀처럼, 너무 늦지 않게, 제때에 징계해야 한다. 즉, 그들이 아직 어리고 아직 희망이 있을 때 징계해야 한다. 그들이 죄를 범하기에 너무 어린 나이가 아니라면, 당신이 그들에게 벌을 주기에도 어린 나이가 아니다. 병의 증상이 나타나는 즉시 약을 주어야 한다. 병은 초기 단계일 때, 더 고치기 쉽다. 이것을 미루면, 첫 번째 죄는 자녀의 죄이지만 두 번째 죄는 당신의 죄가 된다.

127. 그들을 지나치게, 너무 엄격하게 벌하지 말아야 한다. 그것은 그들의 마음을 상하게 하거나 괴롭게 하거나 더 큰 분노를 일으키게 하거나 낙심시킬 뿐이다. 사도는 에베소서 6장 4절과 골로새서 3장 21절에서 이것에 대해 경고한다. 하나님은 그의 자녀들을 적당히 질책하신다(렘 30:11). "이는 그가 우리의 체질을 아시며 우리가 단지 먼지뿐임을 기억하심이로다"(시 103:14).

128. 매우 화가 난 상태에서 자녀들을 벌하지 말고, 당신이 평정을 되찾을 때까지 기다리는 것이 낫다. 그렇지 않으면 자녀들은 자기가 벌을 받는 이유가 당신의 이성적인 생각 때문이 아니라 분노 때문이라고 생각할 것이다. 한 이교도는 이렇게 말했다. "내가 화가 나지 않았다면 너를 때릴 것이다." 분노가 아니라 이성적인 생각으로 그들을 징계해야 한다. 어떤 의사가 화가 나서 환자를 괴롭히려고 쓴 알약을 준다면, 당신은 그를 이상하게 생각할 것이다. 징계는 쓴 약이다. 그것을 지혜로 잘 포장해서 사랑으로 주어야만 내뱉지

않게 할 수 있다.

129. 당신의 징계에 훈계를 더하여, 하나님 보시기에 그 죄가 얼마나 가증스러운가를 가르쳐야 한다. 그럼으로써 그 아이가 당신보다도 하나님을 화나시게 했다는 사실을 더 강하게 인식시켜 줄 수 있다. 하나님의 회초리는 응징할 때에도 지혜를 나누어주신다(시 94:12; 미 6:9; 계 3:19).

130. 의사가 환자와 그의 질병에 맞게 처방을 내리듯이, 자녀에게 적절한 벌을 주어야 한다. 다음 세 가지를 명심하라. 즉, 그들의 나이와 능력, 마음 상태, 잘못한 정도이다. 어린아이를 큰 아이처럼 야단쳐서는 안 된다. 왜냐하면 어린아이는 그 큰 벌을 감당할 수 없기 때문이다. 하나님은 우리가 견디지 못할 벌을 내리지 않으시며, 우리의 능력에 따라 내리신다. 어떤 아이들은 말이나 눈짓만으로도 잘못을 고칠 수 있으나, 그렇지 않은 아이들도 있다. 유약하고 두려움이 많고 쉽게 놀라는 아이들에게는 벌을 거의 또는 전혀 주지 않는 것이 바람직할 수도 있다. 그러나 어떤 아이들은 아주 고집이 세고 완고하여 심한 벌을 주지 않으면 징계를 무시하거나 대수롭지 않게 생각할 것이다.

심각한 죄에 대해 인상도 쓰지 않고 부드럽게 처벌해서는 안 된다. 엘리가 그 아들들을 그렇게 대했었다. 그들은 죄로 인해 스스로 불행을 자초했다(삼상 2:22-25; 3:13-14). 또한 미가의 어머니는 자기 것을 훔쳐간 사람을 저주했으나, 자기 아들이 범인인 것을 알고 그를 나무라지도 않았다(삿 17:2).

131. 자녀들이 벌받을 만한 짓을 했을 때, 그들이 울거나 간청한다고 해서 벌을 더 가볍게 해주지 말고, 징계로 그들의 반항을 억누르고 당신의 명령에 즉시 복종하게 해야 한다. 즉, 용서를 구하거나 그들이 쉽게 할 수 있는 일을 하게 해야 한다. 그렇지 않으면 차라리 징계를 시작하지 않는 것만 못하다.

132. 벌을 줄 때에도 경건하게 하는 것이 바람직하다. 당신은 그것을 하나님의 제도로 여기고 관리하며, 그 벌을 축복해달라고 기도해야 한다. 모든 것은 말씀과 기도로 거룩해지기 때문이다. 당신이 기도로 하나님을 설득했다면, 벌을 줌으로써 자녀들에 대해 더 우세한 힘을 갖게 될 것이다.

133. 자녀들을 자주 용서해주어야 한다. 특히 당신 자신에게 범한 잘못들이나 별로 악하지 않은 잘못들, 이를테면 실수로 무언가를 잃어버리거나 유리나 도자기를 깨뜨린 것 같은 일들에 대해서는 너그럽게 봐주는 것이 좋다. 그들이 하나님께 범죄했을 때는 별로 신경쓰지 않으면서, 당신의 지위와 소유물에 해가 되는 일을 했을 때 몹시 화를 내며 모진 벌을 내리는 것은 아주 잘못된 것이다. 당신의 소유물에 대한 잘못보다 하나님께 대한 죄를 더 심하게 응징해야 한다. 이것으로 자녀들은 당신이 그들 안에 있는 죄들을 특히 미워한다는 사실을 알게 될 것이다.

134. 그들에게 벌을 줄 때, 그들이 더 좋은 방향으로 잘못을 고칠 수 있으면 굳이 벌주기를 원치 않는다는 것과 그들을 향한 당신의 따뜻한 사랑을 보여주어야 한다. 당신이 그들을 야단치는 것은 그

들의 유익을 위함이지, 결코 당신의 감정을 발산하기 위해서가 아니라는 사실을 확신시켜주어야 한다. 또한 당신이 그들을 미워해서가 아니라, 그들 안에 있는 죄들을 용납할 수 없기 때문에 벌을 주는 것이라는 사실도 알게 해주어야 한다(레 19:17).

하나님도 그의 자녀들을 이렇게 대하신다. "그가 비록 근심하게 하시나 그 풍부한 인자하심에 따라 긍휼히 여기실 것임이라 주께서 인생으로 고생하게 하시며 근심하게 하심은 본심이 아니시로다"(애 3:32-33). "그들은 잠시 자기의 뜻대로 우리를 징계하였거니와 오직 하나님은 우리의 유익을 위하여 그의 거룩하심에 참여하게 하시느니라"(히 12:10).

135. 벌을 주거나 질책할 때, 욕이나 악담이나 별명 같은 것을 내뱉으면 안 된다. 또한 그들의 삶에 해가 되거나 그들의 몸과 건강을 해칠 수 있는 말을 던지는 것도 좋지 않다. 그런 행동은 틀림없이 자녀들로 하여금 그 부모를 멸시하거나 경멸하게 만든다. 사울은 그의 아들 요나단에게 "패역무도한 계집의 소생아"라고 말하고 창을 던져 그를 죽이려 했는데, 이것이 요나단으로 하여금 심히 노하여 식탁을 떠나도록 부추겼다(삼상 20:30,33-34).

136. 그들을 꾸짖거나 벌을 준 후에는, 다시는 그런 악한 일을 하지 않도록 계획하고 약속할 것을 요구할 뿐 아니라, 어떻게 하면 그들의 약속과 의지를 가장 잘 지킬 수 있는지 가르쳐주어야 한다. 즉, 자기 힘으로 할 수 없고 그리스도의 능력으로 해야 한다는 것을 가르쳐주어야 한다. 자기 힘으로는 어떤 것도 향상시킬 수 없으며, 그

리스도의 능력은 믿음과 기도로 얻어진다. 당신은 또한 이것을 위해 기도해주겠다고 약속하며, 자녀들이 이 점에 대해 당신에게 기도를 부탁하도록 하면 더욱 좋다.

137. 학교 선생들이 자녀들의 육체적 건강을 해치지 않고 그들의 잘못을 깨우쳐줄 수 있다면, 그들이 자녀들에게 적당한 벌을 내리는 것을 기꺼이 허용해야 한다.

138. 자녀들과 함께 그들의 부패한 마음에 대해 솔직하고 부드럽게 자주 이야기하고, 그들의 마음속 비밀에 대해 당신과 이야기하는 습관을 갖게 하여, 용기를 내어 그들의 악한 비밀을 당신에게 털어놓을 수 있게 해야 한다. 부드럽고 사랑스럽게 충고해주고, 특별히 그들이 너무 완고하여 다른 사람들에게 그들의 잘못을 알릴 필요가 있을 때를 제외하고는 그러지 않도록 조심하라. 그들이 고심 끝에 당신에게 털어놓은 마음속 비밀들을 다른 사람들에게 말하지 않도록 특히 조심해야 한다. 당신이 그렇게 할 경우, 그들은 그때부터 비밀을 절대 털어놓지 않을 것이다.

# 특정한 죄들을 이기도록 가르치라

### ▶거절하고 벌하는 것에 일관성 보이기

아주 어릴 때부터 그들의 고집을 꺾고, 분명히 안 된다고 한 일은 일관되게 하지 못하게 하고, 좋은 말로 타이르든 위협을 하든 그들이 하기 싫어하는 일도 하게 해야 한다. 자기 고집이 악행의 핵심이다. 그들은 단지 자신의 생각을 따르고 맹목적으로 자신을 숭배하기 원한다. 그런 그들에게 거절할 것은 거절하고, 벌할 것은 벌해야 한다.

### ▶어릴 때부터 안식일을 거룩하게 지키게 하기

온갖 세속적인 이야기를 하거나 빈둥거리는 대신, 교회에 가서 하나님께 예배드리고, 말씀을 암송하고, 교리 공부를 하고, 집에서 성경을 읽고, 찬송하고, 신앙에 대해 이야기하도록 해야 한다. 하나님은 제4계명에서 "안식일을 기억하여 거룩히 지키라"(출 20:8)고 말씀하셨다.

### ▶벌을 줄 때는 욕이나 악담을 하지 않기

벌을 주거나 질책할 때, 욕이나 악담이나 별명 같은 것을 내뱉으면 안 된다. 그런 행동은 틀림없이 자녀들로 하여금 그 부모를 멸시하거나 경멸하게 만든다.

# 6장
# 기도하는 법을 가르치라

이 장은 부모가 자녀들에게 가르칠 기도의 내용과 함께
마음으로 기도하도록 가르치기 위한 지침을 담고 있다.

●

●

139. 자녀들에게 기도하는 법을 가르치려면, 그들에게 기도가 무엇이며 기도의 본질이 무엇인지, 즉 그 본질은 말에 있지 않고 하나님을 향한 마음의 갈망을 전달하는 데 있음을 보여주어야 한다.

140. 부모는 왜 그들이 마음으로 기도해야 하며, 형식적인 기도문을 그대로 읽지 않고 자신들의 필요에 따라 기도해야 하는지 설명해주어야 한다. 정해진 모델이 없는 기도의 필요성과 영광을 그들에게 보여주는 것이 좋다.

141. 아침, 저녁으로 가족 경건의 시간을 가지고 기도한다. 이런 기도를 생략하거나 소홀히 하지 말아야 할 여러 가지 이유가 있다. 가족 경건의 시간에, 당신은 매우 진지하고 공손하게, 마음을 다해 기도하는 본을 보여야 한다. 기도할 때 당신 자신의 필요와 교회, 사역자들, 나라와 도시의 필요뿐 아니라, 특히 자녀들의 필요를 위해

기도해야 한다.

142. 자녀들이 어릴 때부터 이 기도에 참여하게 해야 한다. 이 기도들을 통해 당신이 그들에게 요구하는 모든 것들과 그들에게 일어나기를 원하지 않는 것들, 즉 이 세상에서나 내세에서나 그들에게 해가 될 수 있는 일들을 듣게 하는 것이 좋다. 당신이 매우 뜨겁게, 꾸준히 그들의 회심과 구원을 위해, 죄 사함과 치유를 위해, 그들의 영혼과 육신의 축복을 위해 기도하는 것을 그들이 보게 하라. 만일 당신이 그들의 영혼을 향한 사랑이 충만하여 온유한 마음으로 눈물을 흘리며 깊은 감정을 담아 기도하고, 주님께 그들에게 유익한 것을 구한다면, 훨씬 더 그들에게 감동을 주며 깊은 영향을 미칠 것이다.

143. 개인 기도뿐 아니라 가족 기도 안에서 당신이 그들을 위해 기도하는 모든 것들을 자세히, 반복해서 이야기해주어야 한다. 또한 온 가족을 위한 기도 안에서 당신이 그들을 위해 구한 내용을 알고 기억하고 있는지 물어보는 것도 좋다.

144. 가족 경건의 시간에 무엇을 위해, 누구를 위해 기도할지 말해주어야 한다. 그 기도에서 구하는 내용에 주의를 기울여, 그들 자신의 말로 기도 내용을 이야기할 수 있도록 반복해서 부드럽게 권유해야 한다. 그 기도에 사용된 분명하고 좋은 표현들을 계속 말하면서 칭찬해준다. 이런 대화가 자주 있어야 한다.

145. 그들 스스로 기도할 수 없다면, 할 말을 알려주고 때때로 방식을 바꿔가며 당신을 따라하게 함으로써 기도하는 것을 도와주라. 하지만 그것으로 그쳐서는 안 된다! 기도가 끝난 후, 무엇을 위해,

어떤 죄에 대해, 누구를 위해 기도했는지, 또 어떤 은혜에 감사했는지 상기시켜주어야 한다. 또한 반복해서 그들이 당신과 함께 무엇을 위해, 누구를 위해, 어떤 말과 표현으로 기도했는지 말해보게 하는 과정도 필요하다. 그렇게 하면 그들이 이러한 내용들을 쉽게 기억할 수 있을 것이다. 적어도 당신이 어린아이들이 이해할 수 있는 표현을 사용하게 했다면 말이다.

146. 기도의 처음부터 끝까지 하나님에 대해, 그의 위대하심과 위엄과 영광에 대해, 그의 전지전능하심과 편재하심에 대해, 그의 영원하심과 무한하심과 불변하심에 대해, 그의 거룩하심과 의로우심과 지혜에 대해, 그의 자비와 은혜와 선하심에 대해, 그의 창조와 섭리와 만물을 다스리심에 대해 깊이 생각하도록 가르쳐야 한다.

그는 피조물의 유일한 주인이시며 통치자이시며 은혜를 베푸시는 자로서 수많은 천사들이 그에게 복종하며 만물이 그 손 안에 있는 만왕의 왕이시다.

그러므로 그들에게 기도를 가르칠 때, 처음에만 하나님의 영광스러운 위엄에 관해 분명한 표현들을 사용하여 그에 대한 올바른 생각과 개념을 심어줄 것이 아니라, 그후로도 계속 그렇게 해야 한다. 자녀들은 본성적으로 신앙이 없는 자들이기 때문이다. 그들은 외적으로 하나님을 볼 수 없으므로, 하늘이든 땅이든 하나님이 모든 곳에 계시며 모든 일을 행하신다는 것, 모든 선한 것과 모든 심판이 그로부터 온다는 사실을 믿지 않는다. 그들은 하나님에 대한 물리적인 개념을 가지고 있으며, 하나님이 하늘에만 갇혀 계시고 왕처럼 왕좌에 앉아만 계신다고 생각한다. 당신은 자녀들이 이런 무신론적이고 맹목적이고 가증한 생각과 망상에서 벗어나도록 애써야 한다. 즉, 개인적인 기도와 가정예배 시간에, 당신이 가지고 있는 하나님에 대한 위대하고 숭고한 개념을 보여주는 표현을 자주 사용함으로써, 또한 공손하고 진지하고 겸손하고 감동받은 모습을 보여줌으로써, 당신이 그들에게 말하고 가르치는 내용을 진정으로 믿는다는 사실을 자녀들이 알 수 있게 해주어야 한다.

147. 위대하고 영광스러우신 하나님과 감히 대화하려 하는 인간들이 얼마나 작고 악하고 죄 많고 비참하고 불쌍한 존재인지 알려주어야 한다. 또한 당신이 하나님의 위대하심과 위엄에 관해 고백한 내용을 바탕으로, 그들이 하나님께 나아가 대화할 수 있는 것이 얼마나 복된 일인지 알게 하라. 그들에게 기도하는 법을 가르치고 지도할 때, 처음부터 이것을 매우 진지하게 분명히 말해두는 것이 좋다. 주께서 당신에게 허락하시는 능력대로, 다양한 방법으로 이것을 가르치라.

148. 그리스도의 이름으로 기도하는 것이 무엇을 의미하는지, 왜 그리스도의 이름으로 기도해야 하는지 온전히 이해하도록 가르쳐야 한다. 그리스도의 이름으로 기도할 수 있는 것이 얼마나 복되고 영광스러운 일인지 가르쳐주고, 그리스도께서는 그를 믿는 자녀들의 기도가 하나님을 기쁘시게 하기를 원하신다는 것을 알려주라. 또 그와 같은 이유로, 가정에서 대표로 기도를 인도할 때 기도의 마지막뿐 아니라 도중 또는 심지어 처음 부분에서도 이에 관한 당신

의 생각을 분명히 표현해야 한다. 또한 당신 자신과 당신의 기도는 매우 무가치하고 불완전하고 악하여, 오직 그리스도를 통해서만 하나님을 기쁘시게 할 수 있다는 것을 자녀들에게 말해주어야 한다.

149. 죄의 고백은 기도의 중요한 부분이다. 그렇기 때문에 당신은 가족 기도에서 자녀들에게 죄를 고백하는 방법을 가르치고, 당신의 본을 따라 기도하게 해야 한다. 이 기도에서, 당신은 자신과 그들의 악한 성품을 고백하고, 생각과 말, 또는 행동으로 범한 죄들, 소극적인 죄와 적극적인 죄들을 고백한다. 그러나 당신은 또한 다음 세 가지 문제에 대해 그들에게 분명히 말해주어야 한다.

1. 어떤 죄를 고백해야 하는지 말해주어야 한다.
2. 죄를 짓게 된 상황과 그 죄들을 어떻게 고백해야 하는지 말해주어야 한다.
3. 그 죄들로 인해 하나님의 진노를 크게 촉발하였고 그들 자신을 현세와 내세에서 모든 형벌을 받기 마땅한 자가 되게 하였으므로, 그 죄들에 대해 얼마나 슬퍼하고 한탄하고 부끄러워해야 하는지 말해주어야 한다. 여기서 당신은 자녀들이 종종 범하는 죄들을 지적해주어야 한다. 이것은 앞장에서 다룬 주제이다. 매일 죄에 대한 고백을 기도에 포함시키고, 그들이 당신을 따라 기도하도록 해야 한다. 그러나 매일 똑같은 말을 되풀이하지는 말고, 그날그날 지은 죄에 따라 달리해야 한다.

150. 영적인 것과 육적인 것, 영혼에 속한 것과 육체에 속한 것을 구분하며, 그들이 무엇을 위해 기도해야 하는지 철저히 가르쳐야 한다.

영혼에 관하여는, 그들이 죄사함을 받도록, 현세와 내세에서 마땅히 받아야 할 형벌을 면하도록, 다시는 같은 죄에 빠지지 않도록, 회개하고 거듭나서 그리스도에 대한 믿음과 하나님에 대한 사랑과 경외심을 갖도록 간구하게 해야 한다. 또한 부모와 교사들과 다른 아이들에 대한 자신의 의무를 다하고, 구원받고, 천국에서 영원히 하나님과 함께하기를 간구하게 해야 한다.

육체에 관하여는, 건강과 강건함을 위해, 안전과 보호를 위해, 필요한 것들의 공급을 위해 간구하게 하고, 당신도 그들에게 부족한 것이 없도록, 학교나 직장에서 잘 생활하도록 기도하라. 또한 그들의 기도에 이런 것들을 포함시켜, 당신의 본을 따라 기도하게 하라. 이 모든 기도를, 마치 하나님이 앞에 계신 것처럼 공손하고 진지하게 해야 한다.

151. 특히 어릴 때부터 자주 그들의 죽음과 운명에 대해 기도하도록 지도해야 한다. 그들의 연약함과 죽을 수밖에 없는 상태를 고백하게 하며, 얼마나 많은 아이들이 어렸을 때 죽는지, 또 회심하지 않은 상태에서 죽으면 영원세계에 들어가는 것이 얼마나 무서운 일인지 깨닫게 하라. 이와 관련하여, 그들은 죽어서 천국에 들어가기 위해, 죽음과 하나님의 심판을 대비하도록 기도해야 한다. 그렇게 기도함으로써 죽음의 중요성과 삶의 결말에 대해 깊고 지속적인 인상

을 남겨야 한다. 즉, 그들은 영원히 구원받거나 저주받을 것이며, 천국에 가거나 지옥에 가게 될 것이고, 주 예수님과 그의 천사들 및 성도들과 함께 있거나 마귀들과 저주받은 자들과 함께 있게 될 것이며, 빛 가운데 있거나 어둠 속에 있게 될 것이고, 기쁨을 누리거나 고통과 고뇌 속에 있게 될 것이다. 이것이 그들의 기도의 중요한 부분이 되어야 한다.

152. 감사는 기도의 중요한 부분이므로, 아침과 저녁에 감사해야 할 은택들을 지적해주어야 한다. 즉, 몸과 영혼에 베푸신 은혜에 대해 감사하게 하라. 그리고 현재 상황의 풍성함과 자신의 무가치함을 비교하면서 하나님의 은택이 얼마나 큰지 깨닫게 도와주어야 한다.

하지만 그들이 아직 자신이 죄 사함을 받은 사실, 자신이 하나님의 영으로 거듭나고 회심한 사실, 그리스도께서 자신을 위해 죽으셨다는 사실, 그리스도를 참으로 믿는다는 사실을 나타내지 못할 때, 그들이 소유하고 있지 않은 영적 은혜에 대해 감사하도록 강요해서는 안 된다. 다만 다음과 같은 영적 유익과 선물들에 대해서는 감사하게 하라. 즉 그들이 그리스도인 부모에게 태어났다는 것, 참되고 거룩한 개혁 신앙을 따른다는 것, 그들에게 설교하고 가르쳐주는 사역자들이 있다는 것, 세례를 받은 것, 그들이 주의 날을 자유로이 준수할 수 있는 환경에 있다는 것, 그리스도 예수와 그의 모든 은혜들이 그들에게 주어졌다는 것 등에 대해 감사의 기도를 하게 가르쳐야 한다.

153. 기도는 영적이고, 성령의 인도로 드려져야 하며, 하나님의

영께서 우리의 기도를 도와주셔야 한다는 사실을 그들에게 보여주고 확신시켜야 한다. 결국 아무리 멋진 말을 사용하더라도 성령이 없이는 우리의 기도가 하나님을 기쁘시게 할 수 없다. 따라서 하나님이 성령을 통해 그들에게 기도를 가르쳐주시고, 기도 중에 성령께서 그들의 연약함을 도와주시기를 자주 기도해야 한다. 성령께서 없으면 무엇을 어떻게 기도해야 할지 모르기 때문이다. 따라서 가정 예배 시간 등을 이용해서 성령 안에서 기도하면서 그들에게 당신의 기도를 따라하게 하여야 한다. 말할 수 없는 깊은 탄식으로 기도하시는 하나님의 성령을 주시는 것이 얼마나 은혜로운 일인지, 하나님께서 사람들의 기도를 들어주신다는 사실이 얼마나 은혜로운 일인지 깨닫게 하라. 또한 길거리에서, 도시에서, 학교에서 어떻게 마음을 담아 하나님께 짧은 탄식을 올려드려야 하는지 가르쳐야 한다.

154. 그들에게 주기도문의 의미, 능력, 내용을 반복해서 설명해주어 영적인 것들과 이 땅의 일시적인 것들을 위해 어떻게 기도해야 할지 알게 해주어야 한다. 이와 관련하여, 엘나단 파르(Elnathan Parr)의 「아바 아버지Abba Father」(London, 1651)라는 작은 책이 매우 도움이 될 것이다. 당신은 그들 앞에서 반복해서 각 간구의 능력을 설명해주어야 한다. 특히 그 주제에 대해 교리문답식으로 가르치고 그들이 외우게 한 후에 그 내용을 설명해주어야 한다. 또한 정기적으로 주기도문의 내용을 가족 기도에 포함시켜, 그들이 듣고 따라하도록 하는 것이 좋다.

155. 십계명에서 명하고 금지하는 것을 반복해서 알려주어야 한

다. 즉, 각 계명에서 어떤 미덕과 의무를 명하는지, 어떤 죄와 잘못을 금하는지 말해주고, 그 죄들과 임무들에 대해 일일이 하나님께 간구하게 하라. 그들의 기억에 심겨지도록 자주 십계명의 내용을 반복해서 들려주는 것이 좋다. 그러면 기도할 것들이 풍성해질 것이다. 그러나 동시에, 기도할 때 하나님께 많은 것을 아뢰는 것이 중요한 것이 아니라, 정말 깊은 필요를 느끼고 주 앞에 아뢰는 태도와 능력이 중요한 것임을 말해주어야 한다.

156. 하나님의 말씀을 그저 많이 읽게만 하지 말고, 당신의 본과 가르침을 통해 그들이 하나님의 말씀으로부터 기도할 내용을 얻게 하라. 아이들이 기도할 때 성경적인 표현을 사용하는 데 익숙해지게 하라. 그것을 위해, 특히 광범위한 필요와 다양한 고너에 관련된 탄식과 간구와 표현이 담긴 다윗의 시편을 읽어야 한다.

주께서 그분의 말씀으로 하는 기도를 듣기 좋아하신다는 것을 알려줄 필요가 있다. 그 말씀이 그들 안에 풍성히 거해야 한다. 그러나 분명히 이해하지 못하는 표현들은 비록 성경에 나오더라도 사용하지 못하게 하라. 자신의 심각한 필요들을 진정으로 표현하는 데 부적합하기 때문이다.

157. 성경에 나오는 기도들을 반복해서 읽게 하고, 가능하면 외우게 하라. 이 기도들은 우리를 위한 예로 기록된 것이다. 그러나 이와 관련하여, 또한 이 기도들의 의미를 분명히 설명해주어 그 기도를 자신에게 어떻게 적용할지 알게 해야 한다. 다음은 그러한 성경 구절들이다(스 9:6-15; 느 9:5-38; 잠 30:7-9; 사 38:9-20; 63:7-19; 렘 14:19-22; 단 9:3-

20; 요 17장; 행 4:24-30; 엡 1:16-23; 3:14-21; 골 1:9-12; 히 13:20-21; 벧전 5:10-11).

158. 또한 하나님께 기도할 때 사용해야 하는 근거[1]들을 가르치고, 이 각각의 근거들이 지닌 능력과 탁월함에 대해 충분히 이야기 해주어야 한다. 그래서 그들이 어떻게, 어떤 기대와 용기를 가지고 그 근거들을 사용할지 알려주어야 한다.

159. 하나님의 약속들은 기도에 사용할 특별한 근거이므로, 아이들이 하나님이 말씀 속에서 우리에게 주신 특별한 약속들을 읽고 암송하게 해야 한다. 우리는 약속들을 기도 안에 포함시켜야 한다. 니콜라스 바이필드(Nicholas Byfield)의 「약속들, 경건한 그리스도인이 심령을 견고하게 지지하는 방법에 대한 논문*The Promises; or a Treatise Showing How a Godly Christian May Support His Heart*(London, 1618)」이라는 책 속에 이러한 약속들이 많이 포함되어 있다. 또 다른 책으로는 영어에서 네덜란드어로 번역된 「성도의 유산*Bequests from the Saints*」이라는 책이 있다. 이 책들은 이 문제와 관련하여 당신과 자녀들에게 도움이 될 것이다.

그러나 나는 당신과 당신의 자녀가 보배로운 약속들을 소유하는 것을 돕고자, 가장 중요한 문제에 대한 성경의 주요 약속들을 간략히 개괄할 것이다. 간략하게 기재하기 위해서 성경 본문만 열거할 것이다. 자녀들이 본문 말씀을 읽고 적어보는 방식으로 학습한다면

---

**1.** 원어는 *pleitredenen*(문자적으로 "탄원", "논증"이라는 뜻을 가짐)으로, 법정에서의 변호인의 변호를 의미하는 법정 용어이다.

좋을 것이다. 이 외에도 많은 약속들이 있지만 성경의 주요 약속들
은 다음과 같다:

1. 하나님께 받아들여지고 하나님과 화목하게 되며 예수 그리스
   도를 통해 자녀로 입양되는 것에 대한 약속: 요 1:12; 16:27; 행
   10:35; 롬 5:1-2, 10; 8:1; 고후 5:18-20; 6:16-18; 엡 1:6; 2:14,
   16; 골 1:20.
2. 회개하는 신자의 모든 죄의 용서와 칭의에 대한 약속: 눅 24:47;
   행 5:31; 10:43; 13:38-39; 26:18; 히 8:12; 요일 1:9.
3. 지옥의 권세에서 구출되는 것과 천국을 소유하는 것에 대한
   약속: 막 16:16; 요 3:16, 18, 36; 4:14; 6:40, 47; 10:9, 27-28;
   12:50; 행 26:18; 롬 5:9-10; 딤전 1:15-16; 히 5:9; 7:25; 요일
   5:11-12.
4. 회심 후 죄 사함을 받는 것에 대한 약속: 시 103:3; 마 6:12, 14;
   12:31; 약 5:15; 요일 1:9; 2:1-2.
5. 은혜에 기초한 성화와 보존하시는 성령에 대한 약속: 잠 1:23;
   겔 11:19; 36:26-27; 눅 11:13; 요 4:14; 7:37-39; 행 2:38-39;
   롬 8:26.
6. 은혜를 진정으로 갈망하고 구하는 모든 자에게 은혜를 주신다는
   약속: 시 107:9; 사 55:1-3, 5; 마 5:6; 계 22:17.
7. 하나님이 우리가 그리스도의 이름으로 구하는 모든 것을 그의
   뜻에 따라 주실 것에 대한 약속: 잠 15:8, 29; 마 6:6; 7:7-8, 11;

요 14:13; 15:7, 16; 16:23; 벧전 3:12; 요일 3:22; 5:14-15.

8. 연약하지만 정직한 영혼의 기도와 탄식을 반드시 들으실 것에
대한 약속: 시 31:23; 38:10; 77:3-4; 사 38:14; 눅 18:13-14; 롬
8:26-27; 갈 4:6.

9. 우리의 모든 결핍은 진정 우리의 선을 위한 것이라는 약속: 시
34:10-11; 84:11; 마 6:33; 롬 8:28, 32; 딤전 4:8; 벧후 1:3-4.

10. 은혜의 수단, 즉 말씀과 성례와 거룩한 모임을 신실하게 사용
하는 자들에게 임할 축복에 대한 약속: 시 1:1-2; 89:16-17;
133:1-3; 사 4:5; 55:3; 습 3:17-18; 말 3:16-17; 마 7:24-25;
10:20; 18:19-20; 막 4:23-24; 눅 10:42; 행 8:30, 35; 11:14; 고
전 10:16; 딤전 4:16; 히 3:12-13; 4:12; 10:24-25; 벧전 2:1-2;
4:10; 계 1:3.

11. 겸손하고 온유하며 핍박받는 자에 대한 약속: 시 34:19; 51:19;
잠 3:34; 사 57:15; 66:2; 마 5:3-5; 11:28-30; 18:4; 23:12; 눅
4:18; 약 4:6, 10.

12. 남을 사랑하며 화평하게 하는 자에 대한 약속: 잠 12:20; 마 5:9;
롬 15:33; 16:20; 고후 13:11; 빌 4:9; 골 1:2; 약 3:17-18.

13. 근면한 그리스도인에 대한 약속: 잠 4:5-9, 12; 7:1-5; 마 6:33;
11:11; 고전 3:8; 15:58; 고후 5:9; 벧후 1:5-8, 10-11.

14. 인내하며 하나님을 바라는 그리스도인에 대한 약속: 시 27:14;
37:7, 9, 34; 잠 20:22; 사 30:18; 40:31; 49:19; 애 3:25; 롬 2:7;
8:25; 갈 5:5; 살후 3:3, 5; 히 6:11-12; 10:36; 약 1:3-4.

15. 신실하게 순종하는 자에 대한 약속: 시 19:8-9, 12; 112:1; 119:5-6; 잠 1:20-23; 전 12:13-14; 사 48:18; 마 5:8; 요 14:21, 23; 15:10; 행 10:35; 롬 2:6-7, 10; 6:16; 8:13; 고전 7:19; 갈 6:8; 히 5:9; 약 2:24; 3:18; 요일 3:7, 22, 24; 5:3; 계 14:12; 22:14.

16. 하나님을 사랑하는 자에 대한 약속: 잠 8:17; 요 14:15, 21, 23; 16:27; 롬 8:28; 고전 2:9; 약 1:12; 2:5.

17. 경건한 자를 사랑하고, 구제하며, 사랑의 일을 행하는 자에 대한 약속: 마 10:41-42; 25:34, 40, 46; 요 13:35; 고후 9:6-7, 9; 갈 5:6, 13, 22-23; 빌4:17-18; 히 6:10; 13:16; 요일 3:14; 4:12, 16-17.

18. 가난하고 궁핍한 그리스도인에 대한 약속: 시 9:18; 23:1; 34:11; 마 6:30, 32-33; 빌 4:11-13, 19; 히 13:5; 약 2:5.

19. 사회적으로 억눌리고 소외된 그리스도인에 대한 약속: 시 12:6-7; 35:10; 40:17; 72:2, 4, 12-14; 113:7; 전 5:7; 사 25:3-5; 14:30; 51:12-13; 슥 9:8.

20. 의를 위해 박해받는 자에 대한 약속: 마 5:10-12; 10:28-32, 39; 19:29; 막 10:29-30; 행 9:4; 롬 5:1-4; 8:17-18, 28, 31-35, 37; 고전 10:13; 고후 4:17-18; 살후 1:4-6, 10; 딤후 2:9-12; 히 11:36-39; 12:1-4; 벧전 3:14-15; 4:12-19; 5:10; 계 2:9-10, 13, 17, 19, 25-26, 28.

21. 일상적인 혹은 상당한 위험 속에서 살아가는 신자에 대한 약속: 시 31:22-24; 34:8, 18, 20-22; 91:1-3, 5, 10-12, 14-16;

97:10-11; 116:6; 121:2-8; 145:20; 잠 2:7-8; 사 43:2; 벧전 5:7.

22. 시험에 직면한 신자들을 도우실 것에 대한 약속: 요 16:33; 롬
6:14; 고후 12:9; 엡 6:10-13; 빌 4:13; 히 2:17-18; 4:15-16; 약
1:2,12; 4:7; 벧전 5:9, 10; 요일 5:4.

23. 이겨내며 인내하는 자에 대한 약속: 마 10:22; 요 8:31-32;
15:7; 골 1:22-23; 계 2:7, 11, 17, 26-28; 3:5, 12, 21.

24. 고통과 질병과 죽음 가운데 놓인 신자에 대한 약속: 시 68:20-
12; 141:2-4; 눅 23:43; 요 11:3; 고전 11:32; 15:54-56; 고후
5:1-2, 4-9; 빌 1:20-23; 딤후 1:10; 히 2:13-14; 12:6-8, 11; 약
5:13-16; 계 14:13.

25. 신자의 생명으로의 부활과 영화에 대한 약속: 마 25:34, 46; 눅
15:24; 요 5:22, 24, 28-29; 12:26; 14:1-3; 17:24; 20:17; 행 3:19;
고전 6:2-3; 15:42-44; 골 3:1-4; 살후 1:10.

26. 자녀들을 하나님께 바치고 하나님의 거룩한 길을 따라 신실
히 양육하려고 노력한 경건한 부모들에게 주어진 자녀들에 관
한 약속: 출 20:6; 시 37:26; 마 19:13-14; 23:37; 28:18-19; 행
2:39; 롬 4:16; 9:8; 11:16-17; 고전 7:14.

27. 유대인들이 장차 회심할 것에 대한 약속: 신 30:1-5; 사 11:11,
15; 렘 3:16-18; 30:17-18, 20; 50:4-5; 겔 37:21-26; 호 1:11;
3:4-5; 암 9:11, 14-15; 슥 9:13; 마 23:38-39; 눅 21:24; 롬
11:24-36; 고후 3:14-16; 계 16:12.

28. 유대인의 회심 이후 교회의 영광스럽고 평안한 상태에 대한 약

속: 사 60:1, 3, 5, 7, 10, 13, 20-22; 61:4-9; 62:1-4, 9, 12; 65:2, 8-10, 20, 25; 66:12-14, 22-23; 렘 30:9-10; 31:17, 21, 23, 31-33; 32:37, 39; 33:8-9, 16; 겔 11:19-20; 20:33, 37, 40, 44; 34:11-13, 16, 24-26; 36:25-26, 28, 37-38; 단 2:44; 호 11:9-11; 14:6-8; 욜 3:1, 16-21; 암 9:8, 11-15; 옵 17, 21; 미 2:12-13; 4:1-8; 습 3:8-10, 12, 17-19; 슥 2:10-12; 8:13, 23; 9:11-17; 10:4-12; 12:1-14; 13:1-3, 9; 14:9-11, 16, 20-21; 롬 11:12, 15; 계 11:15; 20:6-7.

160. 자녀들이 설교나 교리 수업 전후에 목회자들이 하는 기도를 주의 깊게 듣게 하라. 이 기도들 속에서 다양한 표현과 '근거들'을 듣게 될 것이기 때문이다. 그들에게 그 기도들로부터 무엇을 깨달았는지, 목회자들이 죄를 어떻게 고백하는지, 어떻게 은혜와 용서를 구하는지, 어떻게 나라와 교회를 위해, 목회자들과 권위자들을 위해, 병자들과 불쌍한 사람들을 위해 하나님께 탄원하는지 물어보고, 그들도 이해가 가는 한 그런 식으로 기도해야 한다고 말해주어야 한다.

161. 식전과 식후에 기도하도록 가르쳐야 한다. 성령님이 생각나게 하시는 대로 자유롭게 기도하고, 이 기도와 감사의 내용에 대해 반복해서 그들과 이야기하는 것도 좋은 방법이다. 우리 육신의 삶에 대한 것뿐 아니라 영적인 삶도 기도에 포함시켜야 할 것이다. 그러나 그들이 식사 기도를 주도하게 하지는 말라. 그것은 가장이 해

야 할 일이다.

162. 친밀한 대화를 나누는 가운데, 그들이 자신 외에 누구를 위해 기도해야 하는지, 몸과 영혼에 관하여 무엇을 위해 기도해야 하는지, 또 다른 사람들을 위해 기도할 때 어떤 표현을 사용해야 하는지를 가르쳐주어야 한다. 남을 위한 기도는 그들에게 매우 유익한 것임을 설명해주라. 왜냐하면 그것을 올바른 방법으로 행하면 하나님이 매우 기뻐하시기 때문이다. 잠시 후 우리가 누구를 위해 기도해야 하며 무엇을 위해 기도해야 하는지 이야기하겠다.

163. 그들에게 질서정연하게 중요한 문제들을 위해 순서대로 기도하는 법을 가르치라. 때로는 한 주제에 대해 오래 기도하게 한 후, 다음 주제로 넘어가게 한다. 특히 저녁에는 그들의 죄를 더 많이 고백해야 하며, 아침에는 영혼과 육신의 필요를 위해 더 많이 기도해야 한다. 기도를 죄 고백으로 시작하든 감사로 시작하든, 그들이 임의대로 할 수 있음을 알려주고 이렇게 기도의 순서에 다양한 변화를 주는 것에 대해, 당신 자신이 본을 보여야 한다.

164. 기도하고 감사할 때 그들 자신과 가족, 나라 또는 교회와 관련된 특별한 시간이나 행사에 관해 더 길게 기도해야 한다는 것을 가르치며, 그것에 익숙해지게 하라. 예를 들면, 그들 또는 가족 중 누군가가 특별한 은혜를 받았을 때, 하나님의 보호하심이나 구원하심을 체험했을 때, 어떤 중대한 죄를 범했을 때, 또는 어떤 재앙이나 질병 또는 고통을 겪을 때, 또는 금식일이나 특별 기도일, 추수감사절, 안식일을 지키러 교회에 가야 할 때 등이다.

165. 그들의 기도가 하나님을 기쁘시게 하고 또 응답받으려면 어떤 식으로 기도해야 하는지 분명히 가르쳐주어야 한다. 믿음을 가지고 겸손한 태도로 기도해야 한다고 가르치고, 몸과 영혼에 관해 기도할 때 얼마나 진실하게 기도해야 하는지, 기도에 어떠한 열정과 인내와 싸움이 필요한지 말해줄 필요가 있다.

기도할 때 마음을 지켜 마음을 산란하게 하는 헛된 생각들을 피하고, 마음이 오로지 하나님을 향해야 한다는 것을 명심하게 하라. 또한 그들이 올바르게 기도할 수 있으려면 주께서 성령으로 그들의 마음속에 역사하셔야 함을 가르쳐주라. 마지막으로 주께서 기도 중에, 또 기도 후에 그들에게 어떤 응답을 주시는지 가르쳐주라.

166. 그들이 올바르게 기도할 수 있으려면, 특히 다음 여섯 가지 사항에 대한 올바른 이해가 선행되어야 함을 알려주어야 한다.

1. 하나님
2. 자신의 죄성, 비참한 상태, 연약함, 부족함, 하찮음, 보잘것없음
3. 그리스도의 인격, 직분, 상태
4. 율법의 요구
5. 복음 또는 은혜 언약
6. 훌륭한 기도의 본이 되는 주기도문의 의미, 내용, 능력

167. 올바로 기도할 수 있으려면, 잠시 동안 혼자 앉아서 기도 중에 대화하게 될 하나님의 영광을 깊이 생각하는 시간을 가짐으로써

어느 정도 자신을 준비시켜야 한다는 것을 그들에게 알려주어야 한다. 그들은 또한 하나님께 고백해야 할 새로운 죄들과 감사하고 찬양해야 할 새로운 은혜들을 생각해야 한다. 그리고 믿음에 활기를 불어넣고 응답에 대한 소망을 더 깊게 하기 위해 기도의 동기와 근거들을 생각해 내야 한다.

168. 특히 그들이 슬픔과 기쁨, 뜨거운 갈망을 일으키기 위해 다음과 같이 행하도록 가르쳐야 한다.

1. 그들은 자신의 큰 필요들에 초점을 맞추어야 한다. 그들이 기도하는 큰일들과 현세와 내세에서 몸과 영혼에 필요한 것들이 주어지지 않는다면 얼마나 비참하겠는가.

2. 특히 자신의 영혼을 위해 구하는 것들의 말할 수 없는 가치와 육신의 건강이 세상의 모든 부와 명예보다 훨씬 더 귀하다는 것을 알아야 한다.

3. 그들의 죄악과 그로 인해 받게 될 형벌의 심각성을 깊이 생각해 보아야 한다.

4. 하나님의 특별하고 은혜로운 임재와 그들의 갈망을 따라 후히 주시는 은혜를 깊이 깨달아야 한다.

5. 그리스도의 중보기도를 생각해야 한다.

6. 기도할 때 임하시는 성령의 도우심을 생각해야 한다.

7. 천국과 지옥, 심판과 다가오는 죽음에 대해, 그리고 이것이 그들의 마지막 기도가 될 수도 있다는 사실에 대해 생각해야 한다.

8. 하나님이 그들에게 해주신 크고 귀한 약속들을 생각해야 한다.

169. 당신이 몇 년 동안 자녀들의 기도를 지도해 왔다면, 때때로 그들이 당신 앞에서 자유롭게 기도해보게 하고, 다른 곳에 가서 스스로 기도하면서 자신의 목소리를 들어보게 한다. 그러나 위선자들처럼 다른 사람들에게 들리려는 목적으로 기도하지 않도록 해야 한다. 종종 친근하고 은밀하게, 그들이 무엇을 위해, 누구를 위해 기도했는지, 어떤 죄를 고백했는지, 그것을 어떻게 했는지, 슬프거나 부끄럽거나 눈물을 흘렸는지 물어보라. 또 어떤 은혜에 감사했는지, 기도할 때 당신과 다른 사람들을 위해 무엇을 간구했는지 물어보라. 이 모든 것이 잘되고 있지 않으면 그들을 도와주고, 잘하고 있으면 격려해준다. 이것이 당신에게 매우 중요한 일임을 그들이 알게 하고, 개인적으로 당신이 그들을 위해 기도하겠다고 약속하라.

170. 보통 기도할 때 말해야 하는 주요 문제들을 항상 염두에 두고, 그것들을 자녀들과 함께 자세히 이야기하는 것이 바람직하다. 그들이 진지하게 임한다면, 하나님의 축복과 은혜로 틀림없이 하나님 앞에서 어느 정도 자신을 표현할 수 있을 것이다. 10세 전의 아이들도 기회가 주어지면 기도할 때 자신의 이야기를 자세히 하는 것을 보고 당신은 깜짝 놀라며 기뻐할 것이다. 그럴 때 그들은 평생 동안 형식적인 기도문을 사용하지 않을 것이고, 사용할 수도 없을 것이다.

이 문제에 대해 부모를 돕기 위해, 짧고 분명하면서도 가능한 한 여러 측면에서 기도의 주요 주제들의 견본을 보여주려 한다. 이것을 자녀들에게 자주 읽히면 좋다. 개요는 다음과 같다.

### 기도의 주요 주제

어떤 기도가 완전해지려면 다음 여섯 가지 주요 주제들을 담고 있어야 한다.

### 1. 인사말

첫 번째로, 기도에 하나님에 대한 인사말이 있어야 한다. 이것은 네 부분으로 구성된다.

1. 하나님의 이름을 부른다. 하나님의 말씀이 그를 드러내고, 자연과, 은혜 안에서 그가 하신 일이 그를 보여주듯이, 그 이름으로 하나님의 영광스러운 속성과 완전하심을 묘사할 수 있다.
2. 우리 자신의 비천함과 미약함, 부패성에 대한 일반적인 고백을 한다.
3. 기도로 그에게 나아가고자 하는 우리의 마음을 표현한다.
4. 그의 도움과 용납, 응답을 바라는 우리의 마음을 표현한다. 이로 써 우리는 하나님이 요구하시는 거룩한 감정으로 기쁘게 이 의무를 수행할 수 있다.

이 인사말을 올바로 하기 위해서는 반드시 하나님의 완전하신 여

러 가지 성품들 즉 위대하심, 고결하심, 위엄, 영원성, 무한하심, 전
능하심, 전지하심, 무소부재하심, 거룩하심, 의로우심, 선하심, 은혜,
자비하심, 사랑에 대한 올바른 지식과 생각을 가지고 있어야 한다.
이런 속성들은 그의 창조, 섭리, 통치, 구속, 은혜 안에서 밝히 드러
나며, 그의 말씀 안에 다양하게 묘사되어 있다. 다른 한편으로는 우
리의 보잘것없음, 덧없음, 하찮음, 가증스러움, 죄악된 성품, 선을 행
할 수 없는 무능함을 알아야 한다. 즉 전반적으로 우리는 하나님께
서 용납하시고 기도를 들어주실 만한 가치가 없는 존재임을 분명히
알아야 한다.

## 2. 죄 고백

두 번째로, 기도에는 죄 고백이 있어야 하는데, 그 고백에는 다음
세 가지가 포함된다.

1. 우리 자신의 죄를 자백하고, 내보이고, 요약한다.
2. 죄를 지은 의도와 상황들을 고려하여, 그 죄들의 심각성을 강조
   하고 그 악함을 인정한다.
3. 이 세상과 영원한 세상에서 마땅히 받아야 할 형벌을 인정한다.

이 고백을 올바로 하기 위해서는, 먼저 원죄와 자범죄를 구분해
야 한다. '원'죄는 우리에게 전가된 아담의 첫 번째 죄만을 뜻하는
것이 아니라, 내재하는 죄의 오염 상태를 뜻하는 것이다. 그로 인해

인간은 내적으로나 외적으로 완전히 부패했다. 내적인 사람, 즉 지성, 의지, 열정(사랑, 증오, 기쁨, 슬픔, 두려움, 분노, 갈망 같은 것), 양심, 기억이 타락했다. 외적인 사람, 즉 눈, 귀, 혀, 손, 발, 그리고 모든 지체들 역시 타락했다. 우리가 이것들을 어떻게 사용하는지 잘 생각해보면 알 수 있다. '자범'죄는 적극적으로나 소극적으로, 생각과 말과 행동에서 실제로 하나님의 법을 위반한 모든 행위이며 복음을 거스르는 죄이다.

둘째, 우리는 항상 율법을 거스르는 죄와 복음을 거스르는 죄가 무엇인지 의식하고 있어야 한다. 율법을 거스르는 죄는 십계명에서 금하는 모든 행위 또는 태만의 죄이며 십계명의 각 계명을 어기는 것이다. 복음을 거스르는 죄는 복음의 은혜와 복음에 나타난 주 예수 그리스도를 올바로 알려 하지 않는 것, 또는 진정으로 존중하고, 사랑하고, 갈망하고, 믿고, 받아들이고, 순종하지 않는 죄이다. 그 결과 우리는 회심하지 않고 믿지 않는 상태로 머물게 된다.

셋째, 우리의 의도와 상황에 따라 죄가 얼마나 무거워지는가를 깨달아야 한다. 다음은 이 문제에 대한 요약으로, 기회가 있을 때마다 세심하게 살펴보아야 한다.


- 죄를 짓는 사람이 중년이거나 노년일 경우.
- 하나님을 더 많이 경험하여 알거나 더 많은 은혜를 받았을 경우.
- 다른 사람들보다 많은 은사를 받았기 때문에 신자들 사이에서 존경받고 높이 평가될 경우.

- 국가나 교회, 군대 또는 가정에서 높은 지위나 직책을 맡고 있을 경우. 즉, 다른 사람들을 이끄는 상관이나 지도자일 경우(다른 사람들이 쉽게 그의 잘못된 본을 따를 것이다).
- 인간이 아닌 하나님을 직접적으로 거슬러 범한 죄일 경우.
- 하나님의 고결하심, 전능하심, 위엄, 주권, 거룩하심, 의로우심에 대해서뿐 아니라, 오래 참으심, 관용, 인자하심 같은 영광스러운 속성들에 대해 죄를 범했을 경우.
- 하나님이 특히 존경과 경외와 영광을 받기 원하시는 예배에 대해 죄를 범했을 경우.
- 그리스도의 은혜로운 초청과 구원의 은혜를 직접적으로 거스르는 죄를 범했을 때.
- 성령의 역사와 음성, 확신, 위로를 거스르는 죄를 범했을 때.
- 평범한 사람들이 아니라 교회나 국가에서 권위자의 자리에 있는 사람들에게 죄를 범할 경우.
- 혈연관계, 우정, 애정으로 더 긴밀하게 연결된 사람들, 즉 부모나 가족, 친구들에게 죄를 범할 때.
- 불신자들이 아니라 경건한 사람들에게 죄를 범할 때.
- 특히 연약한 형제들에게 죄를 범할 때.
- 우리가 범한 죄로 인해 이웃의 외적 자산에 손해를 끼칠 뿐 아니라 이웃의 영혼을 파괴할 때.
- 율법에 명시된 명령을 거슬러 죄를 범할 때.
- 한 가지 죄로 동시에 여러 계명을 위반하여 동시에 여러 죄를 범

한 경우.

- 동시에 여러 사람에게 해를 끼친 경우.
- 마음속으로 죄를 범할 뿐 아니라 말과 감정, 행위로도 죄를 범할 때.
- 그 죄가 다른 사람들을 화나게 할 경우.
- 귀중한 은혜의 수단, 지속적인 말씀 선포를 방해하는 죄를 범할 경우.
- 받은 구원과 여러 가지 크고 지속적인 은혜와 축복을 거스르는 경우.
- 하나님께서 죄에 대한 형벌로 보내신 엄격한 심판과 재앙들을 거스르는 경우.
- 안팎에서 영광스러운 미덕의 본보기들을 거스르는 경우.
- 자연의 빛을 거스르는 죄를 범할 때.
- 특히 하나님이 말씀 속에서 이 죄를 분명히 금하신다는 것을 알고도, 양심의 분명한 조명과 확신을 거스를 때.
- 공적이거나 사적인 비난과 권고, 경고를 무시하고 죄를 범할 경우.
- 가정이나 교회, 사회의 처벌을 무시할 경우.
- 자기가 한 기도와 반대되는 죄를 범할 경우.
- 자신의 의지, 약속, 맹세, 엄숙한 서약과 반대되는 죄를 범할 경우.
- 살의를 가지고 죄를 범할 경우.
- 고의로, 당당하게, 거만하게 죄를 범할 경우.

- 부끄러운 줄 모르고 뻔뻔하게 죄를 범할 경우.
- 그 죄를 자랑스럽게 여길 때.
- 악의를 가지고, 양심의 가책도 없이 죄를 범할 경우.
- 용서받을 거라는 희망으로, 은혜를 풍성히 받을 수 있다는 이유로 죄를 범할 경우.
- 빈번히 죄를 범할 때.
- 완강하게 고집을 부릴 때.
- 죄를 즐기며 재미있어 할 때.
- 계속해서 끈질기게 죄에 머무를 때.
- 참회한 후 다시 어리석은 행위로 돌아갈 때.
- 평일이 아닌 주일날 죄를 범할 경우.
- 예배 도중에 죄를 범할 때.
- 공적 예배나 가정 예배의 직전 또는 직후에 죄를 범할 때.
- 다른 사람들 앞에서 공공연하게 죄를 범하여 그들이 그로 인해 악에 빠지거나 죄에 머무를 가능성이 높아질 때.

### 3. 악에서 지켜주시길 구하는 기도

세 번째로, 기도에는 악에서 지켜주시길 구하는 간청이 있어야 하며, 거기에는 네 가지가 포함된다.

1. 죄책을 제거하사 죄의 형벌을 면하게 해주시는 하나님의 용서를 구한다.

2. 치욕 가운데서 죄의 능력으로부터 구원받기를 간청한다.

3. 유혹에 빠지지 않도록, 죄에 저항하고 경계하고 맞서 싸울 능력을 구한다.

4. 악에서 구원받을 근거와 이유를 댄다.

기도의 이 부분, 즉 죄에서 건져주시길 구하는 간구를 잘하려면, 첫째, 우리의 죄에 대한 대가로 받아 마땅한 여러 가지 형벌들을 인식하고 있어야 한다. 이 형벌에는 세 종류가 있다.

1. 외적이고 육적인 벌. 예를 들면, 건강과 명예, 명성, 자유와 평화, 재산과 수입, 친구들을 박탈당할 것이다.

2. 내적이고 영적인 벌. 예를 들면, 지성과 감각, 기억의 정상적인 기능, 말씀을 전하는 일 같은 영적 축복, 은혜를 받는 것, 성령과 그의 역사를 박탈당할 것이며, 무감각해지고, 무분별해지고, 불행히도 거짓된 마음의 평안과 그릇된 견해를 갖게 될 것이다.

3. 영원한 벌. 예를 들면, 모든 좋은 것들을 영원히 누리지 못하게 되며, 하나님의 면전에서 쫓겨나고, 천국의 기쁨을 얻지 못할 것이다. 또한 꺼지지 않는 지옥불과 양심의 가책으로 고통받으며, 바깥 어두운 곳에서 마귀들과 저주받은 영혼들과 함께 전능하신 분의 진노를 받게 될 것이다.

둘째, 우리의 세 가지 주요 적들을 잘 알아야 한다. 그것은 곧 우리의 타락한 본성, 마귀, 세상이다. 거기에는 물론 우리를 유혹하고 속이고 현혹시키는 여러 가지 것들이 포함된다.

셋째, 개인적으로 우리가 가장 벗어나고 싶고, 싸워서 이기고 싶은 죄들을 나열할 수 있어야 한다. 예를 들면, 하나님과 거룩한 일들에 대한 무지함, 하나님과 그리스도와 그의 말씀에 대한 불신, 하나님에 대한 사랑이 부족하고 하나님 안에서 기뻐하지 못하는 것, 열성이 부족하고, 배은망덕하고, 인내하지 못하고, 불평하지 않고는 못 배기는 것, 무관심, 자만, 교만, 기도와 말씀과 찬송을 소홀히 하는 것, 하나님의 일들을 묵상하지 않고 함께 그것에 대해 이야기하지 않는 것, 예배드릴 때 불손하고, 깊이가 없고, 냉담한 것, 하나님의 이름을 남용하는 것, 주일을 거룩하게 지키지 않는 것, 인간이 제정한 축일을 지키는 것, 이웃을 사랑하지 않는 것, 가정과 교회, 국가에서 우리보다 위에 있는 사람들, 또는 아랫사람들이나 동급의 사람들에게 그릇되게 행하는 것, 보기 흉한 분노와 보복, 싸움, 무절제와 탐욕, 불결함, 게으름, 인색함, 낭비, 거짓말, 중상, 어리석은 말, 마지막으로 악한 정욕과 우리의 삶에 대한 불평불만 등이 있다.

넷째, 악을 피하고 선한 것을 얻게 해달라고 하나님께 기도할 통상의 특별한 근거들을 알아야 한다. 그것을 위해 성경에 나오는 성도들이 사용했고 하나님이 우리 입술에 두신 기도의 근거들을 나열할 것이다. 우리는 이것들을 악에서 벗어나기 위한 기도뿐 아니라 다른 기도에서도 사용해야 한다. 악에서 벗어나기 위해 기도할 때, 그리고 우리 자신과 다른 사람들의 유익을 위해 기도할 때, 우리는 다음과 같은 100가지 근거들을 제시해야 한다.


1. 하나님의 이름은 은혜롭고, 자비롭고, 오래 참으시고, 인자하시고, 진실하시며, 부정과 죄를 용서하시는 여호와 하나님이시기 때문이다.

2. 하나님은 자비가 풍성하시며, 자비의 아버지이시며, 모든 위로의 하나님이시기 때문이다.

3. 모든 은혜의 하나님이시다.

4. 하나님은 용서하기를 좋아하시며, 용서를 아끼지 않으시며, 몇 번이고 용서하시는 분이다.

5. 하나님은 사람들의 생명과 건강을 유지하여 주시며 모든 것을 공급하여 주시는 분이다.

6. 사람들을 향한 위대한 사랑을 갖고 계신 분이다. 세상을 향한 그의 사랑은 그들을 위해 그의 아들을 주심으로 나타났다. 그런 하나님이 그와 함께 모든 것을 주시지 않겠는가?

7. 평화의 하나님이시기 때문이다.

8. 구원과 복의 하나님, 완벽한 복의 하나님이시다.

9. 소망의 하나님이시다.

10. 빛들의 아버지로서, 각양 좋은 은사와 온전한 선물이 다 그에게서 온다.

11. 기도를 들으시는 하나님이시다.

12. 그 백성들의 부정을 용서하시는 분이다.

13. 은혜 베풀기를 기뻐하시며, 선하시고, 선을 행하시는, 참으로 유일하게 선하신 분이다.

14. 나라와 권세와 영광이 영원토록 하나님께 있다.

15. 하나님은 부족함이 없으시며, 복의 하나님이시며, 생명수의 근원이시다.

16. 그의 백성들을 위한 태양과 방패이시다.

17. 또한 그들의 상급은 매우 크다.

18. 그 눈은 온 땅을 감찰하사, 정직한 자들을 위해 능력을 베푸신다.

19. 가장 높으신 하나님, 주권자, 유일한 능력의 주, 만왕의 왕, 만주의 주이시다.

20. 하나님은 전능하시며, 만물을 명하사 존재케 하시며, 존재하지 않는 것을 마치 존재하는 것처럼 부르시며, 그에게는 놀라운 일이 없기 때문이다.

21. 인간의 마음과 생각을 살피시는, 유일하게 지혜로우신 하나님이시다.

22. 그는 땅과 하늘에 충만하셔서, 누구도 그를 피해 숨을 수 없다.

23. 모든 육체의 생명의 하나님이시다.

24. 그는 하늘과 땅과 그 안의 만물을 창조하신 분이다.

25. 만물을 관리하고 통치하시는 분, 그 뜻대로 모든 일을 행하시는 분이다.

26. 만군의 여호와이시다.

27. 온 땅을 심판하시고, 공의로 행하시는 의로운 하나님이시다.

28. 인간의 생명과 그 모든 길이 그 손 안에 있고, 그 뜻대로 백성을 인도하며 왕국을 나누어주신다.

29. 그는 진리의 하나님이시며, 거짓말을 하실 수 없는 신실한 하나님으로, 언약을 지키시며 자비를 베푸신다.

30. 그 이름이 보여주듯이, 그는 우리의 주이시며 치유자이시다.

31. 이스라엘의 소망이자, 구속자이며 구원자이시다.

32. 그의 가르침은 놀랍고, 그의 행위는 위대하다.

33. 강한 손과 펴신 팔로 이스라엘 백성들을 애굽에서 인도해내시고, 홍해와 요단강을 건너게 하시며, 광야에서 만나를 내리시고, 바위에서 물이 나오게 하신 분이다.

34. 예수 그리스도는 세상과 그의 몸된 교회의 중보자이시다.

35. 하나님의 어린양이 세상 죄를 짊어지셨다.

36. 새 언약의 보증이 되신다.

37. 그리스도는 스스로 저주를 받으사 그들이 축복을 받게 하셨다.

38. 그리스도는 죄와 속죄제물이 되사, 그의 백성이 그 안에서 하나님의 의가 되게 하셨다.

39. 그리스도는 세상의 빛이시며, 의의 아들로서, 그 날개 아래서 치유하시는 분이다.

40. 영혼의 의사이시다.

41. 이스라엘의 위로가 되신다.

42. 아버지께로 가는 길이시다.

43. 진리이시며 신실한 증인이시다.

44. 하나님께 보내심을 받은 훌륭한 선지자이자 교사이시다.

45. 그리스도는 하나님의 집을 다스리는 위대한 대제사장으로, 모든 것을 얻을 자격이 있으시다.

46. 한 번의 제사로 속죄하신 분이다.

47. 그리스도는 하나님의 말씀이요, 지혜이다.

48. 하나님의 능력이다.

49. 우리에게 지혜와 교훈을 주신다.

50. 또한 우리를 의롭고 거룩하게 하신다.

51. 그리스도는 죄인을 구원하고 잃어버린 자들을 찾고 죄인들을 불러 회개시키러 오셨다.

52. 그리스도는 그를 통해 하나님께 나아가는 사람들을 온전히 구원하실 수 있다.

53. 의와 능력이 그에게 있다.

54. 그는 주이시며, 우리의 의가 되신다.

55. 우리를 도우시는 강한 분이시다.

56. 그 안에 충만함이 있고, 그의 충만함으로부터 우리가 은혜를 받으며, 하나님께서 모든 충만으로 예수님 안에 거하게 하셨다.

57. 그리스도의 보혈이 화해를 이루며, 아벨의 피보다 더 나은 것을 말해준다.

58. 그리스도께서 모든 일을 이루시고 죽으셨다.

59. 그리고 부활하셨다.

60. 하늘로 올라가사, 사로잡힌 자를 사로잡고, 그의 원수들을 이기시며, 사람들에게 선물을 나누어 주시고, 또한 그를 반대하는 자들에게도 나누어 주어 그들 안에 거하고자 하셨다.

61. 그리스도는 하나님의 우편에 계신다.

62. 모든 능력이 그의 손 안에 있다.

63. 그리스도는 생명이시며, 생명을 주는 영이시며, 두 번째 아담이시다.

64. 그리스도는 평강의 왕이시며, 우리의 평강이시다.

65. 항상 그의 백성을 위해 기도하는 중보자이시며 대언자이시다.

66. 그리스도는 하늘의 양식이시다.

67. 생명수, 성령을 주신다.

68. 반석이시다.

69. 궁극적인 모퉁이돌이시다.

70. 집을 짓는 기초가 되신다.

71. 그리스도는 기름부음받은 왕이시다.

72. 땅의 임금들의 머리이시다.

73. 유다 지파의 사자이시다.

74. 그는 집을 다스리는 자로, 그 머리에 면류관이 합당하다.

75. 보좌에 계신 제사장이시다.

76. 그 밑에서 모든 원수들은 그의 발등상이 되어야 한다.

77. 그리스도는 사랑받는 아들로, 그를 통해 우리가 은혜를 받는다.

78. 중재자로서, 하나님이 기뻐하시며 가장 사랑하는 아들이시다.

79. 그리스도는 우리 구원의 첫 열매이시다.

80. 우리의 믿음을 온전케 하신다.

81. 우리의 믿는 도리의 사도이시다.

82. 예루살렘 거민을 위하여 열린, 죄와 더러움을 씻는 샘이시다.

83. 교회의 머리이시다.

84. 신랑이시다.

85. 포도나무이시다.

86. 성령님은 약속의 영이시다.

87. 은혜의 영이시다.

88. 기도의 영이시다.

89. 사랑의 영이시다.

90. 성화의 영이시다.

91. 지혜와 계시의 영이시다.

92. 우리를 모든 진리 가운데로 이끄시고 모든 것을 깨닫게 하실 수 있는 위로자이시다.

93. 모략의 영이시다.

94. 능력과 절제의 영이시다.

95. 심판과 소멸의 영이시다.

96. 생명의 영이시다.

97. 우리로 "아바! 아버지!"라고 외치게 하시고, 우리의 연약함을 도우시며, 말할 수 없는 깊은 탄식으로 기도하게 하시는 양자의 영이시다.

98. 우리의 기업에 보증이 되시며, 우리의 영과 더불어 우리가 하나
    님의 자녀인 것을 증거하시는 영이시다.
99. 그의 자녀들을 평탄한 길로 인도하시는 선한 영이시다.
100. 우리 마음속에 하나님의 사랑을 부어주시며, 구속의 날까지
    그의 백성들을 인치신다.

이 100가지 '기도의 근거들'은 모두 하나님, 중보자 예수님, 그리
고 성령님의 본질, 속성, 역사와 관련된 것이다. 이것들을 분별력과
지혜를 가지고 사용하며 적용해야 한다.

그리고 특히 중요한 20가지 '기도의 근거들'이 있다.

1. 하나님의 이름의 영광이 우리의 기도에 응답해주시는 것과 관련
   되어 있다.
2. 우리가 구하는 것을 거절하실 때, 주께서 거기서 어떤 이득이나
   유익도 얻지 못하실 것이다.
3. 하나님은 우리와 언약을 맺고 계신 우리의 하나님이 되시고, 그
   의 은혜 안에서 우리를 위해 모든 것을 행하기 원하신다.
4. 우리는 그의 피조물이며, 그 손으로 만드신 작품이며, 그의 백성
   이요, 종이요, 자녀이다.
5. 우리는 깨지기 쉬운 연약한 피조물이며, 쉽게 꺾이고 죽을 수 있
   다.

6. 우리 자신이 내적으로나 외적으로 특별히 괴롭고 비참한 상태에 있으며 좀 더 악화되면 멸망하기 때문이다.

7. 하나님을 떠나서 우리는 무력하다.

8. 우리의 죄가 많고 심각하다.

9. 우리는 하나님께 기도할 의무가 있을 뿐 아니라 그의 성령께서 우리가 그의 뜻대로 기도하게 기도를 인도하시기 때문이다.

10. 우리는 그를 믿고, 그에게 소망을 두며, 그로부터 모든 것을 기대하고, 그를 의지한다.

11. 주께서 우리에게 상하고, 낮아지고, 깨어진 마음을 주셨다.

12. 우리의 마음과 행실이 정직하며, 앞으로도 계속 그렇게 행하기를 원한다.

13. 우리의 고난이 크고 오래 지속된다.

14. 우리는 하나님의 이름과 진리를 위해 괴로움과 핍박, 억압, 치욕을 당하며, 양심과 하나님의 이름과 그리스도를 위해 그의 명령과 진리를 지키기 때문이다.

15. 과거에 같은 상황에서 그의 선하심과 은혜를 경험했다.

16. 주께서 우리가 구하는 것을 주실 때, 우리는 힘을 얻고 일어나 감사하며, 그의 이름을 찬송하고, 좀 더 양심적이고 순종적으로 살며, 다른 사람들에게 주의 길을 가르칠 것이며, 또 그의 능력 안에서 지금 그렇게 하려고 계획하고 약속한다.

17. 동일한 상황에서 주의 은혜와 도우심과 응답을 경험한 사람들이 있다.

18. 우리가 기도 응답을 받고, 구속받고, 도움받는 것을 보고, 하나님을 추구하는 다른 사람들이 힘을 얻고 기쁨을 얻을 것이기 때문이다. 우리가 명백하게 구원받지 못하고, 도움을 받지 못하고, 구속받지 못하고, 기도 응답을 받지 못할 때, 그들은 낙심하고 부끄러워할 것이다.

19. 주께서 그의 말씀 안에서 우리가 구하는 것을 받게 될 거라는 분명하고 구체적인 약속을 주셨다.

20. 우리의 원수들은 많고, 강하며, 교활하고, 악하고, 불경하고, 잘난 체하고, 교만하고, 우리의 불완전한 행위를 날카롭게 주시한다. 즉, 그들은 우리가 넘어지길 바라며, 그것을 보고 기뻐할 것이다. 그들은 우리를 멸시하고 하나님과 신앙과 진리를 비방한다.


### 4. 선을 위한 기도와 간구

네 번째로, 선을 구하는 기도가 포함되어야 한다. 첫째, 영원한 생명을 위한 영적인 선을 구해야 하며, 둘째는 현재의 삶에 도움이 되는 육적인 선을 구해야 한다. 이런 것들을 위에서 나열한 근거들을 바탕으로 절박하게 간구해야 한다. 또한 이 기도를 올바로 하기 위해서는, 먼저 우리가 구해야 하는 영적인 선을 제대로 이해해야 한다.

영적인 선이란 일반적으로 말하면 의롭다고 인정받는 것, 양자되는 것, 우리의 부패한 본성이 성화되는 것 등을 가리킨다. 성화는 내적으로나 외적으로, 우리의 지성, 의지, 생각, 양심, 열정과 관련이 있으며, 사랑, 증오, 기쁨, 슬픔, 두려움, 분노 등으로 나타난다. 또우리의 눈, 귀, 혀, 손, 발, 기타 다른 신체기관의 사용과 관련이 있으며, 이 모든 것이 성령의 은혜로 인한 것이다. 더 나아가, 십계명의각 계명 등 율법과 복음의 의무를 다할 뿐 아니라, 생각과 말과 행동에서 하나님의 명령을 지키는 삶의 순종을 말한다. 그럴 때 악과유혹에 맞서 싸워 이기며, 참고 선을 행하고, 지식과 은혜 안에서 성장하고, 내적으로나 외적으로 거룩해지며, 성령의 평강과 기쁨 안에서 기도 응답과 위로를 받는다. 또한 우리를 향한 하나님의 은혜와사랑을 확신하고, 마지막으로 죽음과 영원한 구원과 영생의 면류관을 준비하고, 하나님께 온전히 순종하며, 하나님과 그리스도를 바라보고 기뻐한다.

이런 영적인 것들을 구하는 것이 무엇보다도 중요하다. 우리는하나님에 대한 지식을 구해야 하며, 그의 뜻과 그의 말씀에 대한 지식, 특히 그리스도와 은혜 언약에 대한 지식을 구해야 하며, 우리 자신의 마음과 삶에 대한 지식을 구해야 한다.

하나님의 말씀에 대한 믿음, 그리스도에 대한 믿음, 그리스도와하나님에 대한 확신, 생명과 믿음으로 사는 삶을 구해야 한다. 하나님과 그리스도 안에서 소망할 수 있는 특권, 하나님과 구주에 대한사랑을 구해야 하며, 하나님과 그의 일을 위해 부지런히 애쓰고, 하나님의 일을 기뻐하고 즐거워하며, 하나님을 두려워하고, 하나님께감사하며, 하나님 밑에서 복종하고, 겸손하고, 인내하도록, 하나님께 기꺼이 즐겁게 순종하도록 기도해야 한다.

우리는 날마다 이 모든 일들에 있어 성장하도록 기도해야 한다. 즉, 기도, 성경 읽기, 말씀 듣기, 하나님의 말씀 전하기, 성례전에 참여하기 같은 신앙적인 의무를 완수하도록 기도해야 한다. 또한 공손하고 영적이고 양심적인 태도로 이런 일들을 하여 하나님의 이름이 영광을 받으시도록 기도해야 한다.

온유함과 겸손함, 신중함, 겸양, 인자함, 자비, 친절, 오래 참음, 관용, 성실, 정직, 절제, 아량, 순결, 정의, 용기, 신실함, 진실함, 양심적인 행동 등을 위해 기도하고, 자신의 직업에 대한 열정을 갖고 시간을 잘 사용하는 선한 청지기가 되도록, 혀를 잘 단속하고 자신의 처지에 만족할 수 있도록 기도해야 한다.

둘째, 육신의 웰빙(well-being)에 대해 잘 이해해야 한다. 우리가 이 세상 삶을 위해 간구해야 하는 것들은 건강, 힘, 번영, 직업의 축복, 평안, 자유, 충분한 수입, 집, 명예로운 평판, 친구들, 잠, 휴식, 의복, 보호, 낮이나 밤이나 모든 고통과 위험으로부터 보호받는 것이다.

### 5. 다른 사람들을 위한 중보기도

다섯째, 다른 사람들을 위한 기도가 우리의 기도에서 별도의 한 부분이 되어야 한다. 우리는 그들의 안녕을 구하며, 그들로부터 악을 제거하여 주시길 구한다. 이와 관련해서, 우리가 중보기도해야 하는 사람들이 누구이며, 그들을 위해 무엇을 구해야 하는지 분명히 알아야 한다.

1. 전 세계에 흩어져 있는 하나님의 교회를 위해 평강이 있기를, 번성하기를, 영광이 넘치기를, 확장되기를 기도하라. 복음과 하나님의 진리가 교회 안에서 전해지고 보존되고 보호되기를, 하나님의 말씀이 자유롭게 전파되기를, 모든 곳에 선하고 경건하고 은사가 많고 신실한 사역자들이 세워지고 그들의 사역에 복이 있기를, 교회가 잘 다스려지고 예배가 바르게 드려지기를 기도해야 한다. 터키 사람들(17세기 서부 유럽에 실제적인 위협이었다)과 적그리스도, 로마 교황의 능력이 무너지고, 하나님이 원수들을 격퇴하시고 수치를 당하게 하시며 그들의 악한 계획과 공격을 좌절시키시기를, 절대 고집을 꺾지 않는 완강한 교회의 박해자들과 압제자들을 모두 심판하시고 응징하시기를 기도해야 한다.

2. 유대인들을 위해, 그들이 다시 하나님 품으로 돌아오고 기독교 신앙으로 회심하기를, 그들의 마음과 눈에서 베일이 벗겨져 유일한 구주이신 예수 그리스도를 알아보고, 그를 믿고 사랑하고 순종하게 되기를, 하나님의 약속대로 온 이스라엘이 구원받고 복된 교회 공동체가 되기를 기도해야 한다.

3. 이방인들을 위해, 복음의 빛이 어두움 가운데 나타나기를, 그들이 회심하고 주의 교회 안으로 인도되기를, 그들의 회심을 위해 선하고 효과적인 도구들이 사용되기를 기도해야 한다.

4. 교회와 네덜란드 사람들을 위해, 주께서 그들의 가증스럽고 끔찍한 죄들을 용서하시고 그들을 고치시기를, 이 교회를 버리지 않으시고 그의 진리와 성령으로 깨끗하게 하시고 온전케 하시기

를, 그들의 영과 몸의 형벌을 면하게 해주시며 다시는 그런 형벌을 보내지 않으시기를 기도해야 한다. 우리는 하나님께서 주일을 더럽히는 것, 인간이 만든 성일을 지키는 것, 저주하고 함부로 맹세하는 것, 교만, 방종, 간음, 그밖에 하나님을 분노케 하는 국가적 죄들뿐 아니라 무지함, 형식적인 예배, 무관심, 미지근한 신앙, 불경한 행위를 제거해주시기를 기도해야 한다.

5. 영국·스코틀랜드·아일랜드·프랑스·독일·스위스 교회 같은 다른 개혁교회들과 동쪽과 서쪽의 다른 교회들을 위해 기도해야 한다. 즉, 하나님이 그들을 보호하시고, 지키시고, 견고케 하시고, 정결케 하시고, 활기를 불어넣어주시기를, 진리가 그들과 함께 있어 적그리스도의 잘못된 사상이 계속 머물지 않으며 그들이 배교자가 되지 않기를, 그들 가운데 경건의 능력이 나타나고, 그로써 그들이 번성하고, 영광과 열정, 믿음, 사랑 안에서 자라 주를 영화롭게 하고, 구원을 이루게 되기를 기도해야 한다.

6. 우리나라의 경건한 사람들을 위해 기도해야 한다. 즉, 그들이 거룩한 부르심과 복음과 하나님 나라를 따라 하나님 앞에서 합당하게 행하기를, 주께서 그들을 강건케 하시고 은혜를 더하셔서 그들이 농장의 가축처럼 성장하고 번성하기를, 또한 주께서 그들을 기뻐하시고, 견고케 하시고, 열매 맺게 하시며, 그들로 온 나라의 축복이 되게 하시기를 기도해야 한다.

7. 특히 몇몇 지역에서 진리와 의와 양심을 위해 치욕과 박해와 압제를 당해야 하는 경건하고 열정적인 그리스도인들을 위해 기도

해야 한다. 주께서 그들을 위로하시고, 새롭게 하시고, 격려해주시고, 용기를 주시기를, 진리와 신앙과 양심을 버리고 잘못된 길로 돌아서 중대한 죄에 빠지기보다는 차라리 모든 것을 잃고 고통을 감내하게 하시기를, 주께서 이 쓰디쓴 경험들과 치욕과 압제를 통해 그들을 거룩하고 깨끗하며 정결하게 하시기를, 결국 은혜로 그들을 인도하사 승리하도록 도우시기를 기도해야 한다.

8. 회심하지 않은 사람들, 거듭나지 않은 사람들을 위해 기도해야 한다. 즉, 무지하고 제멋대로이고 공격적인 위선자들, 경건의 능력은 없고 외식함으로 경건의 형식만 갖춘 사람들을 위해 기도해야 한다. 주께서 그들을 가르쳐주시고, 확신을 주시며, 진리와 경건을 깨닫게 하시기를, 그들을 회심시키시고, 영혼을 파괴하는 오류와 이단과 우상숭배와 비열한 죄와 악에서 떠나게 하시며, 실제로 그들을 겸손케 하시고 변화시키시며, 하나님과 그리스도와 참된 경건으로 이끄시기를, 이를 통하여 그들을 죄와 죽음의 상태에서 구속하시고 마귀의 왕국에서 건지시기를 기도해야 한다.

9. 진리에 충실한 설교자들, 하나님이 보내셨거나 보내실 자들을 위해 기도해야 한다. 즉, 그들이 많은 은혜와 은사와 능력을 받아 그 일을 할 수 있도록, 순수하고 명백하게 진리를 전파하도록, 그들이 자신의 믿음과 감정과 경험을 사용하여 지혜롭고 힘있고 생생하게 그리스도와 복음을 선포하도록, 진지하고 담대하고 열성적으로, 또 깊이 있게 책망하고 경고하며 위로하고 훈계하고 지도

하도록, 미덕과 거룩함의 본을 보이며 사람들을 인도하도록, 그리스도를 향한 사랑으로 조심스럽고 부드럽게 양들을 기르도록 기도해야 한다.

그들이 열성적인 감독(overseer)과 파수꾼이 되어, 건강할 때나 억압당할 때나 아플 때나, 신자들의 집을 심방하여 도와주기를 기도해야 한다. 또 그들이 백성을 교화하기 위한 거룩한 세례식과 성찬식을 신실하게 집행하도록 기도하며, 무지하고 무례하고 불경건하고 부정한 신앙고백자들을 교회 차원에서 올바로 권징하여 성례전의 순결함을 지킬 수 있도록 기도하고, 개혁해야 할 것들을 개혁하도록 기도해야 한다. 또한 함께 사역하는 장로들과 집사들을 위해서도 기도해야 한다. 즉, 이 모든 직분자들이 직분을 행하고 삶을 살아 가는 모습이 신실하고 거룩한 본이 되기를 기도해야 한다.

10. 우리나라의 정부와 왕 기타 모든 권위자를 위해 기도해야 한다. 우리는 그들이 왕 되신 그리스도를 위해 기독교에 부합하는 방식으로 다스리고 나라의 우상숭배와 불경한 이단들을 물리치고 예방하도록 기도해야 하며, 그들이 공의를 행하되, 특히 고아와 과부 등 지위가 낮은 사람들을 공평하게 대하도록 기도해야 한다.

그들이 뇌물을 받아 정의를 굽히고 공직을 부패시키지 않도록, 지혜롭고 담대하게 다스리며 자기 자신의 안녕보다 나라와 교회의 안녕을 추구하도록, 악을 행하는 자는 벌하고 선을 행하는

자는 격려하도록, 신하를 억압하기보다 보호하도록 기도해야
한다.

또한 그들이 왕이신 그리스도의 종들과 교회에 주어진 권세,
자유, 통치권을 보호하고 이를 인정하도록 기도해야 하며(이 부
분은 17세기의 교회와 정부 사이의 보이지 않는 갈등에 비추어 설명해야 한다. 당
시 정부는 교회의 일에 간섭하였다. 꿀만은 여기서 교회의 편을 들고 있다), 그
들이 교회의 통치권을 가로채고 빼앗으며 그것을 요구함으로
써 주 예수님의 자리를 취하려 하지 않도록 기도해야 한다. 마
지막으로, 그들이 사역자들을 돕도록 기도해야 한다. 즉, 각자
자신의 자리에서 자신의 권위로, 교회의 개혁과 복지의 향상을
돕도록 기도해야 한다.

11. 학교를 위해 기도해야 한다. 즉, 주께서 부패한 학교들을 깨끗
하게 해주시고, 훌륭한 교육기관으로 변화시켜주시기를, 거기
서 어린아이들이 지식을 얻고, 과학과 예술, 신앙을 배우며, 죄
와 부패에서 깨끗해지기를, 그래서 그들이 시민사회와 교회를
위한 좋은 인재가 되어 교회와 국가를 위한 유용한 도구로 성
장하기를 기도해야 한다.

12. 가정을 위해, 가장을 위해, 가장이 다스리는 가족 구성원을 위
해 기도해야 한다. 주께서 그들 안에 하나님을 두려워하는 마음
과 하나님을 섬기고자 하는 갈망을 심어주셔서, 가정 예배를 드
리고, 가정에서 하나님의 말씀을 읽고 토론하며, 하나님의 이름
을 높이고 찬송하게 되기를 기도해야 한다. 평화와 사랑과 거

록함이 이 가정들에 깃들고 하나님의 축복이 그들에게 풍성하게 부어지기를, 자녀들과 하녀들이 순종하고 복종하며 하나님의 율법을 잘 배워 하나님의 영광과 교회의 성장과 그들 자신의 구원을 위해 나아가도록 기도해야 한다.

13. 친척과 가족을 위해, 즉 아버지나 어머니, 자녀, 형제자매, 삼촌이나 이모, 고모, 조카를 위해 기도해야 한다. 주께서 그들의 몸과 영혼을 축복하사 은혜를 베푸시고, 회심시키시고, 거룩하게 변화시켜주시기를, 그들이 건강하고, 평안하고, 유복하고, 경건하게 오래 살게 해주시기를, 그리고 장수를 누리다가 편안히 죽음을 맞이하게 해주시기를 기도해야 한다.

14. 지인들, 은인들, 친구들, 우리를 잊지 않고 기도해주는 사람들을 위해 기도해야 한다. 즉, 주께서 그들에게 풍성한 복을 내리시고 은혜를 베푸시기를, 그들의 기도를 들어주시고, 내적으로나 외적으로 필요한 것을 채워주시며, 고난에서 구해주시기를, 그들이 우리에게 베푼 선을 백 배로 갚아주시기를 기도해야 한다.

15. 우리의 원수들과 핍박하는 자들, 우리가 잘못되기를 바라고 말과 행위로 우리에게 해를 끼쳤거나 끼치고 있는 사람들을 위해 기도해야 한다. 즉 주께서 그들의 모든 죄를 용서하시고, 그들의 죄를 그들에게 돌리지 않으시며, 그들을 회심시키시고 치료해주시기를, 현세의 복과 영원한 복, 영적인 복을 베푸시기를 기도해야 한다.

16. 아픈 사람들, 육체적 고통에 시달리는 사람들, 생사의 기로에 선 사람들을 위해 기도해야 한다. 주께서 그들의 죄로 인해 그들을 불쌍히 여기시고, 아직 회심하지 않았다면 회심시켜주시기를, 그들의 고통을 완화해주시며 그들이 능히 인내할 수 있게 해주시기를, 그들의 영혼의 병과 육신의 병을 치료해주시기를, 만일 치료가 주님의 뜻이 아니라면 그들이 복된 죽음을 맞이하도록 준비시켜주시고 이 세상을 떠날 마음의 준비를 하게 해주시기를, 마지막으로 그리스도 안에서 그의 은혜를 보여주시고 맛보게 해주시기를 기도해야 한다.

17. 무거운 십자가와 고난으로 고통당하며 억압당하는 자들을 위해 기도해야 한다. 즉, 주께서 그들의 영혼의 억압을 거룩하게 해주시고, 그들이 인내하고 용기를 내어 십자가를 질 수 있게 해주시며, 고난으로 유익을 얻는 법을 가르쳐주시기를 기도해야 한다. 주께서 그들을 새롭게 해주시고, 돌보아주시며, 적당한 때에 구원해주시고, 고난에서 벗어나게 해주시기를, 특히 주님께만 소망을 두고 있는 가난한 자와 고아와 과부에게 자비를 베푸시기를 기도해야 한다.

18. 믿음이 연약하고, 수심에 잠긴 사람들, 흔들리는 사람들, 떳떳하지 못한 양심을 가지고 사는 사람들, 사탄의 공격을 받고 있는 사람들을 위해 기도해야 한다. 주께서 그들의 눈을 더욱 밝혀주시고, 그들의 믿음을 더욱 강하게 하시며, 그들이 자신의 내면으로부터 더욱 담대하게 그리스도를 향해 나아가게 해주

시기를 기도해야 한다. 그들이 사탄에 맞서 저항할 수 있도록, 믿음의 방패와 소망의 투구요, 성령의 검인 하나님의 말씀을 사용하도록, 기도하고 인내하고, 죄에 대해 겸손하며, 중재자이신 그리스도 안에서 큰 은혜와 도움을 발견하기를 기도해야 한다.

19. 합법적인 소명을 따라 바다나 육지에서 위험한 여행을 해야 하는 직업을 가진 사람들을 위해 기도해야 한다. 주께서 그들을 해적과 암초, 함정, 심각한 사고로부터 보호하시기를, 그들을 번영케 하시고 그들이 가고자 하는 곳에 도달하게 해주셔서 그로 인해 하나님을 찬양하게 하시기를 기도해야 한다. 하지만 무엇보다도 그들이 영적으로 좋은 것, 하늘 아버지의 나라, 참된 안식, 귀한 보물, 복음의 진주, 예수 그리스도를 구하게 해주시기를 간구해야 한다.

20. 우리가 사는 도시나 마을을 위해 기도해야 한다. 주께서 이곳에 복을 내리시고, 밤낮으로 평안을 주시기를, 외적인 문제뿐 아니라 특히 영적인 문제에서도 한마음이 되게 하사 번영케 해주시기를 기도해야 한다.

## 6. 우리와 다른 사람들에게 주신 은혜에 대한 감사와 찬양

여섯째, 기도에는 감사와 찬양이 있어야 하며, 다음의 세 가지를 포함해야 한다.

1. 이 세상 삶에서 받은 모든 특별한 은혜에 감사한다.

2. 모든 영적인 은혜에 대해 감사한다.

3. 주의 말씀과 창조와 통치와 구속의 역사 속에서 친히 보여주신 영광스럽고 완전한 모습에 경이로운 마음으로 온힘을 다해 하나님을 찬양하고 경배한다.

기도의 이 부분을 잘 수행하려면, 다음 네 가지가 반드시 필요하다. **첫째, 하나님의 현세적인 은혜, 즉 우리가 이 세상에서 누리는 은혜들을 강하게 느껴야 한다.** 우리는 개인적으로 하나님 앞에서 이 은혜들을 하나씩 열거하고 항목을 추가해 나가야 한다. 이를테면, 우리가 무에서 창조되었다는 것, 동물이 아닌 인간으로 창조되었으며, 천사보다 조금 못한 존재로 창조되었다는 것을 들 수 있다. 우리는 영원토록 하나님을 즐거워하고 충만한 기쁨을 누리도록 창조되었다.

우리는 노예로 태어나지 않았고, 참된 신앙이 존재하지 않는 지역에 태어나지도 않았으며, 복음이 전파되고 흥왕하는 지역에 자유 시민으로 태어났다. 정직하고, 사랑이 많고, 정성으로 돌보아주시는 부모님과 보호자들 손에서 자랐고, 그리스도인 권위자들과 경건한 목사들 밑에서 자랐으며 경건한 가정에서 자랐다.

우리의 지력과 기억력은 오랫동안 건강한 상태를 유지해 왔고, 지금도 매우 건강하다. 많은 사람들이 병으로 고통받고 있지만, 우리는 아프지도 않고 고통을 겪고 있지도 않다. 우리의 감각은 정상적으로 기능한다. 볼 수 있고, 들을 수 있고, 말할 수 있다. 신체 각 부분도 건강하다. 불구자도 아니고, 다리를 절거나 기형이 있는 것도 아니다. 때때로 우리에게 유익을 주고 함께 즐겁게 어울릴 수 있는 친구들이 많이 있다(이것을 가지지 못한 사람들이 많다).

또한 우리는 다른 사람들에게 좋은 평판을 받고 있으며, 남들에게 웃음거리가 될 만한 수치스러운 죄에 빠지지 않았다. 우리에겐 충분한 양식과 옷, 집 등 외적인 생계 수단들이 있다. 명예로운 직업이 있고, 넉넉한 살림을 꾸릴 수 있다. 우리에겐 자유와 평화가 있다. 감옥에 있거나 핍박을 당하지 않는다. 지나치게 사치스러운 시대에 살고 있지도 않다. 우리는 평화와 안정 가운데 모든 것이 풍족한 나라에 살고 있다.

하나님께서 우리의 삶을 지탱해 오셨고, 지금도 우리를 보호하시며, 우리를 버리사 지옥에 보내지 않으셨다. 우리처럼 큰 죄인이 아니었던 많은 사람이 이미 지옥에 갔다. 하나님은 우리가 여행을 할 때, 많은 사람들을 놀라게 하고 세상을 떠나게 한 위험들 속에서 우리를 보호하셨다.

우리는 특히 지난밤에 우리를 보호하시고, 휴식과 잠으로 우리 몸을 새롭게 해주시며, 우리의 침대가 무덤으로 변하지 않게 해주시고, 나쁜 꿈으로 우리를 두렵게 하지 않으시며, 고통과 고뇌로 그 밤을 보내지 않게 해주신 하나님께 감사해야 한다.

반대로 비록 우리가 어제까지 수많은 좋은 기회를 남용하였음에도 불구하고, 그는 우리에게 달콤한 잠을 주시고, 새 날의 빛을 주셨다. 우리는 어제 하루 우리가 빠질 뻔한 많은 죄와 위험에서 우리를 지켜주신 하나님께 감사드려야 한다. 그는 우리를 죄악의 본성에, 악하고 교활한 마귀에게, 세상의 유혹에 넘기지 않으셨다. 우리가 들어가고 나갈 때 늘 우리와 함께하셨으며, 우리 손의 수고를 축복해주셨다.

**둘째, 우리가 누리는 많은 영적인 은혜와 복을 잘 인지하고, 주님이 그 모든 것을 주시는 분임을 인정하고 감사해야 한다.** 우리가 아직 회심하지 않았을 때에도, 주께서 우리에게 그의 말씀을 주셨다. 그 말씀은 우리로 하여금 구원에 이르는 지혜가 있게 하며 어두운 곳을 비추는 빛이 된다.

그는 또한 많은 사람들에게 감추어진 그의 진리를 우리에게 주시며, 자기 백성을 거룩하게 하기 원하신다는 표시로서 안식일을 주신다. 또한 우리에게 율법과 복음의 말씀을 전해주는 목회자들을 주신다. 우리는 복음과 주의 풍성한 은혜가 우리에게 전해진 것과 그리스도가 우리에게 전해진 것에 대해 감사해야 한다. 그는 그를 믿어 하나님께 나아가는 모든 사람을 구원하실 수 있고, 또 구원하실 완벽한 구주시다.

우리는 값없이 주신 그 은혜에 참여하도록 부름받고 초청받은 것에 대해 감사해야 하며, 우리 주변에 지혜로운 조언과 영적 경험과 기도와 본을 통해 우리에게 유익을 끼치는, 하나님을 경외하는 사람들을 주신 것에 대해 주님께 감사해야 한다.

그러나 특히 우리가 회심한 것에 대해 주님께 감사해야 한다. 주님은 우리를 어둠에서 빛으로, 사탄의 세력에서 하나님께로, 죄악의 상태에서 생명의 주이신 그리스도께로 부르셨다. 우리는 거듭나고,

새롭게 되고, 회심하였다. 믿음으로 그리스도를 우리의 선지자요, 제사장이요, 왕으로 영접했다. 그리스도 안에서 우리는 의롭다 함을 받고 죄사함을 받는다. 우리는 하나님의 아들과 딸이 되었고, 마음과 삶이 거룩하게 되었다.

우리는 천국의 유업을 받고, 완전히 거룩해지고 완전한 영광을 받게 될 거라는, 근거가 확실한 소망을 가지고 있다. 수많은 사람이 멸하기로 준비된 진노의 그릇이 된 반면에 우리는 영원 전부터 값없는 사랑으로 택함을 받아 구원을 얻게 되었다.

우리 안에 계신 하나님의 성령이 우리를 깨우치시고, 빛을 비추어주시고, 인도하시고, 도우시며, 위로하시고, 앞뒤에서 그의 은혜로 지켜주신다. 성령님은 고통 가운데서 우리를 지키시고, 유혹당할 때 우리를 강하게 하시며, 우리를 일으키사 거룩한 임무를 수행하게 하시고, 우리의 완전한 구속의 날을 위한 보증이 되어주신다. 또 하나님은 우리와 맺으신 고귀하고 영원한 언약의 표시와 증거로, 성례전을 주셨다.

**셋째, 하나님의 은혜와 축복을 열린 마음으로 찬양해야 한다.** 그 은혜와 축복의 풍성함을 바라보고, 그 은혜의 영광과 고귀함과 무한함을 기억하며, 그 은혜를 받는 우리의 악한 성품과 무가치함을 인정해야 한다. 왜냐하면 우리는 흉악한 죄인들이며, 본래 원수된 자들로서, 감사할 줄 모르고, 쓸모없고, 아무것으로도 보답할 수 없고, 그런 은혜를 받을 자격이 조금도 없기 때문이다. 마지막으로 우리를 향한 하나님의 은혜가 평생 우리와 함께하며, 영원부터 영원까지 지속된다는 사실을 기억해야 한다.

**넷째, 하나님께서 만물을 창조하시고 유지하시고 다스리시는 가운데 보여주시는 위대한 속성과 완전하심을 깨달아야 한다.** 그 결과, 우리는 주께서 자신을 드러내신 대로 그를 찬양하며 주 안에서 자랑할 수 있다. 특히 하나님께서 그리스도의 구속 사역 가운데 드러내신 지혜와 은혜, 사랑과 공의를 볼 때, 그리고 은혜의 성령으로 우리의 악한 영혼을 구원하기 위해 이루신 은혜로운 역사를 볼 때 특히 그러하다. 이를 통해 창조주이자 유지자이자 통치자이신 하나님께서 우리의 찬양을 받으시기 바란다.

특히 하나님이 생각해내신 구원의 길인 구속 언약, 은혜 언약으로 인해 하나님은 찬양을 받으셔야 하며, 자기 아들을 주신 아버지의 사랑과 우리를 위하여 죽으신 아들의 사랑과 우리의 마음을 그리스도께 인도하고 영광을 얻도록 준비시키시는 성령의 사랑과 은혜로 나타난 삼위일체 하나님의 평화의 의논으로 인해 하나님은 찬양을 받으셔야 한다.

# 기도하는 법을 가르치라

### ▶아침 저녁으로 가족 경건의 시간 가지기
가족 경건의 시간에 무엇을 위해, 누구를 위해 기도할지 말해주어야 한다. 그 기도에서 구하는 내용에 주의를 기울여 그들 자신의 말로 기도 내용을 이야기할 수 있도록 반복해서 부드럽게 권유해야 한다. 기도에 사용된 분명하고 좋은 표현들을 칭찬해주라. 그들 스스로 기도할 수 없다면 할 말을 알려주고, 때때로 방식을 바꿔가며 당신을 따라할 수 있게 도와주라.

### ▶주기도문 가르치기
길거리에서, 도시에서, 학교에서 어떻게 마음을 담아 하나님께 짧은 탄식을 올려드려야 하는지 가르쳐야 한다. 주기도문의 의미, 능력, 내용을 반복해서 설명해주어 영적인 것과 일시적인 것들을 위해 어떻게 기도해야 할지 알게 해주어야 한다.

### ▶이웃을 위한 기도의 유익함 알려주기
자녀와 친밀한 대화를 나누면서 그들이 자신 외에 누구를 위해 기도해야 하는지, 몸과 영혼에 관하여 무엇을 위해 기도해야 하는지, 또 다른 사람들을 위해 기도할 때 어떤 표현을 사용해야 하는지 가르쳐주라. 남을 위한 기도는 자신에게도 매우 유익한 것임을 이야기해주라. 이 기도가 하나님을 기쁘시게 하는 일임을 말해주어야 한다.

# 7장
# 대화를 통해 경건을 가르치라

이 장은 친밀한 대화를 통해 자녀들에게
공손한 태도를 길러주고 경건한 마음을 심어주는
여러 가지 규칙들을 담고 있다.

●

●

171. 자녀들은 영적인 문제를 특히 진지하게 생각하고 중요시하며 관심을 가져야 한다. 당신은 하나님의 축복을 받은 자로서 이런 자질들을 가르치려고 노력해야 한다. 또한 당신은 그들에게 이런 자질들을 강요만 할 것이 아니라, 하나님과 신령한 것들에 대해 당신 자신이 진지하고 공손한 태도로 이야기함으로써 본을 보여야 한다.

그들과 함께 이런 것들에 대해 매우 친밀하고 솔직하게 이야기해야 하지만, 거기서 그치지 말고 하나님과 성경, 주 예수님, 미래의 삶, 그들의 거룩한 임무들에 대해 가장 엄숙하고 진지하고 존경하는 태도로 이야기해야 한다. 그것은 가장 숭고하고 거룩한 문제들에 관련된 것이기 때문이다. 마치 당신이 임종을 맞은 것처럼, 또 하나님과 천국과 지옥을 직접 본 것처럼 진지하게 이야기하라. 일반적으로 이런 진지하고 존경하는 태도는 자녀들이 어릴 때부터 거룩한 것들에 큰 존경심을 갖게 해준다. 그들이 아직 이러한 것들의 영광을 보지 못했을지라도 당신의 진지하고 존경하는 태도는 깊고 강한 인상을 주어 오래도록 그들의 기억에 남을 것이다. 왜냐하면 그들은 당신이 그들보다 더 많은 것을 안다고 생각하며, 이러한 것들이 당신이 묘사하는 것처럼 실제적이라고 생각하기 때문이다. 그러나 부모들이 하나님과 성경, 미래의 삶에 대해 불경한 말을 사용하고, 거룩한 것들이나 신앙적 의무를 경박하게 말하며, 심지어 경멸하거나 조롱하는 식으로 말하는 것을 듣고 자라는 아이들은 거룩하고 숭고한 것들에 대해 편견을 갖게 되며, 마음속에 경멸감이 커지고, 신성모독적으로 말하게 된다. 그래서 하나님의 사랑과 거룩한 삶에 대해 더욱더 마음의 문을 닫게 된다.

172. 우리에게 복음과 평화의 메시지를 들려주고 구원의 길을 보여주는 하나님의 대사들인 경건한 사역자들에 대해 항상 존경하는 태도로 말해야 한다. 그 결과, 자녀들은 그들에 대해 좋은 인상을 받아서, 그들에게 강하게 마음이 끌리고, 그들을 보고 싶어하고, 존경하며, 그들의 말을 잘 듣게 될 것이다. 반면에 부모들이 경건한 사역자들에 대해 나쁘게 말하는 것을 들은 아이들은 어릴 때부터 그들에 대한 경멸감을 갖게 되어 결과적으로 복음 메시지에 대해 마음을 닫아버린다.

173. 신앙 때문에 세상에서 멸시를 당하는 사람들을 비롯하여 하나님을 경외하는 사람들에 대해 사랑하고 존경하는 마음으로 이야기하라. 이것은 자녀들 안에 하나님을 경외하는 사람들에 대한 존

경심을 심어준다. 그로 인해 아이들은 그들을 보고 싶어하고, 그들을 좋게 생각하며, 그들의 인격을 존중하고, 사귀고 싶어하며, 그들을 닮고 싶어할 것이다. 당신이 그들에 대해 존경하는 태도로 말하는 것을 보고 들었기 때문이다. 그러나 부모가 경건한 사람들에 대해 무시하고, 모욕하고, 조롱하는 태도로 이야기하는 것을 들은 아이들은 잘못된 견해를 받아들인다. 그런 부모는 자녀의 영혼에 가장 치명적인 원수이며 가장 명백한 마귀의 종들이다.

174. 모든 죄와 불경한 사람들에 대해서는 강하게 반대하고, 경멸하고, 혐오하는 태도로 이야기할 필요가 있다. 불경한 자들은 세상의 기준으로 볼 때 아무리 부자이고 세력이 있다 해도, 정말 불행하고 비참한 사람들이기 때문이다. 이것은 자녀들의 판단 기준을 확립시키고, 그들이 죄와 무신론자들에게서 돌아서도록 깊이 영향을 미치며, 그들과 그들의 행위에 대한 혐오감과 반감을 심어줄 것이다.

175. 거룩하고 경건한 삶은 세상에서 가장 멋지고 바람직한 삶이라는 사실을 어릴 때 깨닫게 하고 강하게 확신시켜주어야 한다. 경건은 가장 필수적인 것일 뿐 아니라, 매우 유익하고, 존경할 만하며, 즐겁고, 기쁜 것이다. 따라서 이것이 무엇보다도 바람직한 것임을 말과 행동으로 보여주어야 한다. 이 삶에 큰 유익과 명예와 기쁨이 있다는 것을 알려주라. 이것이 당신의 주 관심사가 되고 가장 중요한 일이 되어야만, 그들이 세상의 관점을 수용하지 않고 양심적인 신앙이 불필요하다거나 수치스럽다거나 손해가 되거나 억압적인 것이라고 경솔히 생각지 않을 것이다.

다음 세 성경 구절에 나타난 진리와 능력을 그들에게 분명히 보여주어야 한다. "그 길은 즐거운 길이요 그의 지름길은 다 평강이니라"(잠 3:17). "자족하는 마음이 있으면 경건은 큰 이익이 되느니라"(딤전 6:6). "경건에 이르도록 네 자신을 연단하라 육체의 연단은 약간의 유익이 있으나 경건은 범사에 유익하니 금생과 내생에 약속이 있느니라"(딤전 4:7-8).

176. 오직 경건한 자들만이 정직하고 선한 사람들이며, 불경한 자들은 부정직하고, 악하고, 나쁜 사람들이라는 사실을 확신시켜줄 필요가 있다. 가장 잘 아시는 하나님께서 그의 말씀에서 그렇게 판단하시기 때문이다.

불경한 자들은 도둑이다. 그들은 하나님의 것, 하나님이 그의 영광을 위해 사용하라고 주신 그들의 시간이나 에너지, 재능 같은 것들을 도둑질한다. 그들은 은혜를 모르는 사람들이다. 그들은 하나님이 그들에게 온갖 좋은 것들을 주시고 그들을 위해 선한 일을 행하셨고 지금도 행하고 계심에도 불구하고 온갖 악한 일들을 한다. 그들은 심술궂고, 잔인하고, 무자비한 사람들이다. 그들은 하나님과 그리스도와 그의 종들을 미워하는 원수이기 때문이다.

그들은 자신의 구원의 적이다. 즉, 그들은 지옥으로 가고 있고, 다른 사람들도 그들과 함께 지옥으로 데려가기 위해 할 수 있는 일은 다 하고 있다. 그들은 믿음이 없고, 반역자이며, 약속을 깨는 자들이다. 왜냐하면 그들은 세례의 약속을 어기고, 하나님 대신 육신과 세상과 마귀를 섬기기 때문이다. 그들은 자신의 영혼을 죽이는 자들이며, 나쁜 본보기와 악한 조언과 조롱으로 많은 사람들이 천국에 들어가지 못하게 막으며, 자신들과 함께 지옥에서 똑같은 비참함을 겪도록 유인한다. 그들은 자신과 다른 사람들을 속인다. 자기 생각에 옳은 대로 행동해도 구원을 받는다는 잘못된 믿음을 가지고 다른 사람들도 그렇게 믿게 만든다. 경건한 사람은 그와 정반대로 행한다. 그러므로 경건한 사람 외에는 참으로 정직한 사람이 없다는 것을 자녀들에게 분명히 가르쳐 주어야 한다.

177. 오직 경건한 사람만이 부유하다는 것을 알려주어야 한다. 비록 세상의 기준으로 볼 때는 가난하더라도, 경건만이 참된 이익과 부를 향해 가는 길이다. 불경한 자들은 세상 기준으로 볼 때 부유하고 세력이 있더라도 실상은 가난하고 헐벗고 빈곤하다는 것을 알려주어야 한다. 왜냐하면 경건한 자만이 그리스도를 통해 하나님을 자신의 하나님으로 삼기 때문이다. 능력과 지혜와 선이 무한하신 하나님이 그들의 분깃이며, 그들의 필요를 채워주시기 위해 헌신하셨다. 주 예수 그리스도께서 그들의 머리이자 신랑이시며, 그들의 구원자이자 하나님의 우편에 계신 중재자이시다. 값진 진주요 비할 데 없는 보물이신 그리스도에 비하면 모든 것이 헛되고 무익하다. 그는 헤아릴 수 없는 부와 가치를 지니고 계신데, 그들이 그 모든 것—지혜, 의, 은혜, 성화 등 보배로운 것들—을 사용할 수 있다. 세상의 기준으로 볼 때 그리스도께서 우리에게 하실 수 있는 가장 나쁜 일, 즉 그의 이름을 위해 핍박을 당하는 일도 세상의 모든 보물보다 훨씬 더 귀하다(마 13:45-46; 엡 3:8,18-19; 빌 3:8).

경건한 사람은 하늘의 보화, 즉 하나님의 영을 소유하고 있다. 그는 그들 안에 거하시며 거룩하게 하시고 위로하시며 하나님의 자녀임을 증거하신다. 그는 그들에게 보배롭고 지극히 큰 약속을 주사 정욕 때문에 세상에서 썩어질 것을 피하고 신성한 성품에 참예하는 자가 되게 하셨다(벧후 1:4). 그들은 세상의 모든 부와 왕국보다 귀한 죄 사함의 보물을 가지고 있다. 그들은 천사들의 도움과 보호를 받는다. 하나님의 사랑과 구원의 약속에 대해 확신을 가지고 있기에 양심의 평안이 있다. 이 세상과 경건에 속한 모든 것을 얻게 될 거라는 약속, 선한 것에 부족함이 없을 거라는 약속, 하나님이 그들을 돌보시고 모든 것이 합력하여 선을 이루며 그들을 유익하게 할 거라는 약속, 따라서 그들은 전혀 걱정할 필요가 없다는 약속을 받았다. 그들에게 천국과 더불어 이 세상의 것들도 더해질 것이다(시 34:10; 마 6:32-33). 모든 것이 다 그들의 것이다(고전 3:22). 그들은 상속자다. 즉, 천국이 그들의 유업이며, 분깃이고, 영원한 왕국이다.

반면에 불경한 자들은 인색한 부자처럼 이 세상에서 몇 가지 좋은 것들을 가질 뿐이다(눅 16:25). 잠시 몸을 위해서만 좋은 것을 가질 뿐이며, 썩어 없어질 세상의 좋은 것들을 얻는 대신 자신의 영혼을 잃는다. 그러므로 자녀들에게 오직 하나님을 경외하는 사람들만이 부유하다는 믿음을 갖게 하라.

178. 오직 경건한 자들만이 세상에서 영예롭고 존경받을 사람들이며, 경건이 영예를 얻는 길이며, 반면에 불경한 자들은 비열하고 나쁜 사람들이며, 불경건은 모든 수치와 치욕으로 가는 길이라는

사실을 자녀들이 완전히 확신할 때까지 반복해서 심어주어야 한다. 왜냐하면 경건한 자들은 가장 높은 주이신 하늘과 땅의 하나님을 섬기는 종들이기 때문이다. 성경에서는 하나님이 친히 그들을 그의 친구, 그의 사랑하는 자, 그의 자녀, 가장 높은 분의 아들딸, 하나님의 상속자이자 그리스도와 함께한 상속자, 하나님의 왕들이자 상속자들, 택한 백성, 왕 같은 제사장, 제사장 나라, 거룩한 나라, 하나님자신이 특별히 취한 백성, 그리스도의 형제자매들, 그의 신부, 그의 몸의 지체들이라 부르신다. 그들은 성령의 전이며, 그리스도께서 믿음과 성령으로 그들 안에 거하신다. 그들은 하나님께 가르침을 받고 깨달음을 얻는다. 그들은 지혜로우며, 하나님과 거룩한 일들에 대해 안다. 그들은 살아 있고, 하늘에 속한 일들을 보고 들으며 맛본다. 그들은 하나님의 형상, 하나님의 영광, 하나님의 생명을 가지고 있으며, 그들의 영혼 속에는 거룩한 성품이 있다. 내적으로 그들은 완전히 영화된다. 즉, 그들은 하나님께로부터 난 새로운 피조물들이며, 귀히 쓸 그릇이며, 하나님을 섬기기 위해 준비된 자들이다. 그리스도의 보혈과 성령으로 죄 씻음을 받고 정결해졌다. 그들이 기도할 때 하나님이 들어주시며, 그들은 그리스도와 친밀히 동행하며 즐거워한다. 영광스럽게 주의 성만찬을 받으며, 그 영혼을 위해 마련된 음식과 음료를 먹고 마신다. 하나님은 그의 의와 구원의 옷을 그들에게 입혀주신다. 주께서 그들 가운데 동행하시며, 주의 천사들이 그들 주변에서 그들을 보호한다. 머지않아 그들은 모두 왕이 되어 하늘나라에서 영원히 다스리며 예수님과 함께 있을 것이다. 심판 날에 그들은 영광 중에 나타나 그리스도와 함께 마귀들과 세상의 불경한 자들을 심판하며, 주님의 기쁨에 동참하여 영원한 세상에서 완전한 행복을 누리며 주와 함께 살게 될 것이다.

그러나 불경한 자들의 시나리오는 모든 것이 정반대이다. 왜냐하면 그들은 가장 악한 주인인 마귀, 이 세상 신을 섬기기 때문이다. 그들은 하나님의 원수들이다. 사탄이 그들 안에 거한다. 그들은 눈이 멀었고, 어리석으며, 벌거벗었고, 미쳤고, 불결하고, 생명이 없으며, 머지않아 지옥에 가서 영원한 수치와 고통을 당할 것이다. 그러므로 자녀들은 경건한 삶을 사는 것보다 더 고상하고 영광스러운 것이 없으며, 불경하게 사는 것보다 더 부끄러운 일이 없다는 사실을 분명히 알아야 한다.

179. 경건의 삶을 실천하고 오직 하나님을 경외하는 사람들만이 가장 기쁘고, 행복하고, 즐거운 삶을 영위하며, 오직 경건만이 진정한 행복과 기쁨을 얻는 길임을 자녀들에게 온전히 확신시켜야 한다. 반면에 불경한 자들의 기쁨은 세속적이고, 헛되며, 수치스럽고, 악마적인 것이다. 불신앙은 내세에서뿐 아니라 이 세상에서도 모든 슬픔과 고통, 불행의 원인이 된다. 왜냐하면 경건한 사람만이 가장 좋은 것과 가장 큰 기쁨을 가져다주는 것이 무엇인지 잘 알고 있기 때문이다.

경건한 자들은 믿음과 소망 가운데 말할 수 없는 영광스러운 기쁨을 얻는다. 주 안에서 항상 기뻐하며, 근심과 두려움에 시달리지 않는다. 하나님의 말씀 안에서 기쁨을 얻고, 또 하나님을 사랑하고 섬김으로 기쁨을 얻고, 하나님께 기도하고 감사하고 찬양함으로 기쁨을 얻는다. 하나님의 빛과 은혜와 선하심 가운데 기쁨을 얻는다. 그들 안에 생명이 있다. 그들은 하나님의 기쁨의 샘물을 마시며, 그의 왕궁의 귀한 진미를 배불리 먹는다. 그들의 영혼은 만족하며 기뻐한다. 그들은 거룩한 삼위일체, 즉 성부 하나님, 구속자 되신 성자, 위로자 되신 성령과 교제하며 즐거워한다. 영원토록 그들의 분깃이 될, 가장 숭고하고 가장 필요하고 가장 훌륭한 것들에 대해 서로 이야기한다. 선을 행하는 것과 사랑과 의와 거룩함으로 행하는 것을 기뻐한다. 복음의 모든 약속과 머지않아 소유하게 될 영원한 영광을 미리 맛보며 즐거워한다. 하나님이 그들에게 주신 기쁨은 훌륭하고 장엄하고 영광스럽고 확실하고 근거가 충분하고 순수하고 완전하고 영적이고 고상하며 거룩하고 영원하다.

그러나 불경한 자들은 죄와 세속적인 것, 속이는 것, 고뇌와 슬픔이 가득한 것, 하나님이 금하고 경고하시는 것, 부정하고 나쁜 것, 지옥처럼 무시무시한 것, 아주 잠깐 있다가 사라지는 것을 기뻐한다. 이런 기쁨은 지옥의 심연 속에서 영원한 슬픔, 비애, 고통으로 변할 것이다. 따라서 당신의 자녀들은 경건한 삶이 행복한 삶이고 영원한 기쁨으로 가는 여정임을 믿는 자로 자라야 한다. 불경한 삶은 괴로운 삶이며, 거짓된 즐거움의 삶이며, 양심의 가책이 있는 삶이다. 그것은 영원한 고통의 장소에 이르는 길이다. 그곳은 슬피 울며 이를 가는 곳이고, 벌레가 죽지 않고 불이 꺼지지 않는 곳이다.

180. 자녀들이 죄에 대해 강한 증오심을 갖게 하는 것이 바람직

하다. 왜냐하면 죄는 하나님과 그의 거룩하심, 그리스도와 그의 사랑에 반하며, 나아가 그들 자신의 영혼에 반하는 것이며, 하나님의 율법과 복음에 반하고, 하나님의 진노와 저주를 가져오기 때문이다. 주변에서 죄를 지어 형벌을 받는 본보기를 자녀들과 보게 되면, 그들에게 하나님이 죄에 대해 말씀하신 진리를 잘 상기시켜주어야 한다.

181. 불경건한 아이들과 그들이 받은 잘못된 교육을 비난하여, 당신의 자녀들이 하나님 중심의 교육을 받은 것을 행운으로 여기게 하라. 반대로 어릴 때부터 하나님을 경외하고 섬기는 아이들을 칭찬하고 높이 평가하여, 그들에게서 본받을 점을 찾게 하는 것이 좋다.

182. 정말로 경건한 사람은 어떤 사람이며, 본성적이고 육적이고 거듭나지 않았고 위선적이고 속이는 사람들, 또는 판에 박은 듯한 중산층 사람들은 어떤 사람들인지 알려주어야 한다. 경건의 모양만 있을 뿐, 실제로는 경건의 능력과 생명이 없는 사람들을 지적해주고 왜 이 사람들이 그렇게 묘사되고, 무엇으로 그들을 알아볼 수 있는지 설명해줄 필요가 있다.

183. 자녀들에게 왜 어릴 때부터 경건한 사람이 되기 위해 노력해야 하는지, 왜 회심과 거룩한 삶과 구원의 확신을 얻는 일을 나중으로 미루면 안 되는지를 자주 강하게 논증해주라.

184. 성경 말씀을 근거로, 잃어버린 자들에 비해 구원받을 자들이 매우 적다는 것을 분명히 설명해주고, 그 증거를 보여주라.

185. 인간의 타락과 처음 인간이 창조되었을 때의 영광스러운 상태에 대해 분명하게, 열정적으로 이야기해주는 것이 좋다. 어떻게

해서 언약이 파괴되었고, 인간이 죄악의 상태에 빠져 악에 치우치고 선을 행할 수 없게 되었는지 말해주라. 우리의 타고난 죄성이 어디에 뿌리를 두는지 분명히 설명해주고, 그 사실을 마음속 깊이 인식하게 하라. 결국 이것이 모든 악의 바탕이며 기원이다.

186. 죄가 모든 인간을 얼마나 불행하고 비참한 상태에 빠뜨렸는지 분명하게 자주 설명해주는 것이 좋다. 아무도 그 상태에서 자신을 구원할 수 없으며, 따라서 회심하지 않은 사람들은 매우 비참한 상태에 있고 '자연 상태'의 인간은 아직 잃어버린 상태라는 것을 알려주어야 한다. 이것에 대해 매우 진지하게 이야기하라.

187. 하나님의 말씀에 근거하여, 어떤 사람이 아직 잃어버린 상태라는 것을 분명히 알 수 있는 기준을 알려주어, 그들 스스로 평가해보게 하라. 그들이 아직 그런 상태에 있다는 것을 알고 동의하는지 물어보라.

188. 그들과 성경에 대해 많이 이야기하고, 그것이 얼마나 경건하고, 영광스럽고, 능력 있는 것인지, 또 하나님이 우리 손에 그의 말씀을 주신 것이 얼마나 큰 복인지 알려주라. 그 말씀은 성령의 영감을 받은 거룩한 사람들을 통해 기록하신 말씀이다. 그 말씀이 어떤 목적으로 씌어져 우리에게 전해졌고, 우리가 무엇을 위해 그것을 읽고 사용해야 하는지 그들이 깨닫도록 도와주어야 한다. 그것이 회심한 사람들과 회심하지 않은 사람들에게 어떻게 도움이 되는지, 그 말씀이 얼마나 달콤하며 사랑스러운지, 왜 그들이 그것을 아끼고 사랑하며 귀히 여겨야 하는지, 어떻게 그런 태도를 보일 수 있

는지 가르쳐주라. 그들이 하나님 말씀의 영광과 가치와 고결함을 보고 믿으며, 그 말씀이 자신을 향한 메시지임을 아는 것에 많은 것이 달려 있다.

189. 그들이 하나님의 말씀을 어떻게 읽어야 하는지, 그 말씀이 설교될 때 어떻게 들어야 하는지 알려주어야 한다. 또한 그 말씀을 읽고 듣기 전에 어떻게 준비해야 하는지, 그 말씀을 읽고 듣는 동안 얼마나 집중하고 공손한 태도를 가져야 하는지, 그 말씀을 들은 후 어떻게 행동해야 하는지 가르쳐주어, 말씀이 실제로 그들 안에서 구원을 이루도록 하라. 특히 그들이 읽는 것과 듣는 것을 어떻게 믿음과 결부시키고, 그 안에서 기쁨을 얻어야 하는지 가르쳐주어야 한다.

190. 그들이 하나님의 말씀을 읽거나 들었을 때, 기억에 남는 말씀이 무엇이며 그로부터 무엇을 배웠는지 물어보고, 그들이 이야기하게 하라. 이 말씀에 관해 당신이 깨달은 점을 말해주며, 그들에게 그 말씀을 적용시켜주라. 성경을 여기서 한 장, 저기서 한 장 읽게 하지 말고, 체계적이고 순차적으로 읽게 하는 것이 좋다. 먼저 신약 성경을 읽고, 그 다음에 구약을 읽게 하라. 쉬운 부분을 먼저 읽히고, 그 다음에 좀 더 어려운 부분을 읽히는 것이 좋은 방법이다. 하나님의 말씀을 어쩌다가 한 번 읽게 하지 말고, 매일 읽게 하며, 한 번에 너무 많은 부분을 읽기보다는 조금씩 읽으며 묵상하고 암송하게 하라. 만일 그들이 글을 쓸 수 있으면, 교회에서 설교를 들으며 필기하게 하고 집에서 그 내용을 읽게 하는 것도 도움이 된다.

191. 왜 그들이 온 마음으로 하나님을 사랑해야 하는지, 왜 그의 진노를 일으킬까 봐 두려워해야 하는지, 왜 그에게 복종하고 모든 일에 그를 기쁘시게 하려고 노력해야 하는지를 그들의 마음속에 매우 진지하게 심어주어야 한다. 이와 관련하여 하나님의 무한한 영광에 대해, 그의 속성과 완전함에 대해 자세히 이야기해주라. 만물을 창조하시고, 유지하시며, 다스리시는 그의 위대한 역사와, 모든 일을 자기의 계획과 뜻대로 이루시는 그의 주권에 대해 이야기하고, 따라서 그의 계획을 떠나서는 아무 일도 일어나지 않고 모든 축복과 불행이 그에게서 말미암는다는 것을 이야기해주라. 무엇보다 우리에게 자신의 하나뿐인 아들을 구주로 주신 하나님의 한없는 사랑에 대해 이야기해야 한다. 이 교리를 빨리 훑고 지나가면 안 된다. 그 내용은 매우 풍성하여, 자녀들이 하나님에 대해 매우 숭고한 생각을 갖게 될 것이기 때문이다. 또 자신이 하나님을 참되게 사랑하고 있는지 알 수 있는 방법을 알려주라.

192. 그들과 함께 만물에 대한 하나님의 영원한 뜻에 대해, 특히 어떤 사람들은 선택하여 믿음과 구원을 주시고 어떤 사람들은 버리시는 것에 대해 이야기를 나누면 좋다. 아울러 어떤 사람이 회심하지 않았더라도 죽기 전에 회심할 수도 있기 때문에 그가 하나님께 버림받았다고 단정할 수는 없다는 것을 말해주라. 경건한 사람은 이 세상에서 자기가 하나님께 선택받았다는 사실을 알 수 있다는 것도 말해주라. 자기가 영원 전부터 하나님께 택함을 받아 구원받았는지 알 수 있는 증거를 그들에게 알려주고, 스스로 시험해보

게 하는 것도 중요하다.

193. 첫 번째 언약, 즉 행위 언약이 깨졌을 때 하나님이 세우신 은혜 언약의 내용을 설명해주어야 한다. 이 언약에서 하나님이 약속하고 요구하신 것이 무엇인지, 그것이 그 언약 안에 들어가기 원하는 비참한 죄인들에게 얼마나 큰 위로를 주는지 말해주라. 특히, 주 예수님이 오신 이후로 그 언약이 얼마나 분명하게 드러났고 또 얼마나 풍성한지 알려주어, 그들이 그 언약 안에 들어가 좋은 소식, 즉 복음을 받아들이게 해야 한다. 그리고 자기가 하나님의 언약에 동참하고 있는지, 하나님이 자신의 하나님이신지 알 수 있는 증거가 무엇인지 보여줄 필요가 있다.

194. 예수님의 생애를 간단히 소개해주라. 예수님이 어떻게 율법을 완성하고 시험을 이기셨는지, 얼마나 겸손하고 온유하고 자비로우며 자기를 부인하고 인내하셨는지, 세상을 얼마나 멸시하고 친히 본을 보이셨는지 이야기해주라. 그리고 당신의 자녀들이 어떻게 주 예수님을 따라야 하는지 알려주는 것도 좋다(마 11:29; 요 13:15; 롬 15:2-3; 빌 2:4-8; 벧전 2:21; 요일 2:6,8).

195. 그들의 마음이 구주 그리스도를 향한 사랑으로 불타오르도록 노력하고, 이와 관련하여 그의 겸손에 대해 감동적으로 이야기해주면 도움이 된다. 즉, 그는 이 땅에 오사 겸손하게 모든 율법에 복종하시고, 죄가 없으셨으나 우리 본성의 연약함을 짊어지셨으며, 특히 죄인을 구속하기 위해 하나님의 진노를 받으셨다. 원수를 대신해 생명을 내어주고 죄인들을 위해 돌아가신 주 예수님보다 더

큰 사랑을 가진 사람은 없다. 그러므로 그들에게 그리스도를 사랑하지 않을 합당한 이유가 있는지 물어보고, 그 사랑을 어떻게 나타내야 하는지, 그리스도에 대한 참된 사랑의 증표가 무엇인지 가르쳐주어, 그 증표들에 비추어 자신을 평가해보게 하는 것이 중요하다.

196. 주 예수님이 당하신 모진 고난을 자주 이야기해주고, 그와 관련하여 그리스도의 고난의 역사를 말해주는 복음서의 내용들을 자주 읽히는 것이 좋다(마 28장과 27장; 막 14장과 15장; 눅 22장과 23장; 요 18장과 19장). 그의 고난의 여러 측면을 이야기해주고, 그가 어떻게 배반당하고 체포당하고 버림받고 거부당하고 조롱당하고 매 맞고 무시당하고 채찍질과 비난을 받고 십자가를 지고 그 위에 못 박히셨으며, 얼마나 치욕적이고 저주받은 죽임을 당하셨는지 이야기해주라. 이와 관련하여 특히 에덴동산과 십자가 위에 임한 하나님의 진노의 결과로 그의 영혼이 받은 고난에 대해 이야기해주면 도움이 된다. 이야기를 통해 그들의 마음을 감동시켜, 죄를 미워하고 죄에 대해 애통하는 마음을 가지며 그리스도를 사랑하게 하는 것이 중요하다.

197. 중재자, 즉 선지자·제사장·왕이신 그리스도의 세 가지 중요한 직임에 대해 명백하게 이야기해주고, 그가 그 일들을 어떻게 이행하셨고 또 지금은 어떻게 이행하고 계신지, 눈 멀고 죄 많고 무력한 우리에게 그것이 얼마나 큰 도움이 되는지 보여주라. 덧붙여 모든 그리스도인이 이 세 가지 직임을 담당하시는 예수님을 받아들이고 체험해야 한다는 것도 이야기해줄 필요가 있다.

198. 주 예수님이 자신을 낮추신 후에 중재자로서 얼마나 높임을

받으시고 영광을 받으셨는지, 이것이 신자들에게 얼마나 유익이 되며 위로와 구원을 가져다주는지, 마음에서 우러나는 기쁨으로 반복해서 자세히 이야기해주라. 그래서 그들도 높임을 받으신 그리스도로 인해 기뻐하도록 해야 한다. 예수님의 부활과 승천, 하나님의 우편에 앉으신 것에 대해 매우 열정적으로 이야기하면, 아이들이 강한 인상을 받을 것이다. 즉, 그가 높임을 받으사 하나님 곁 가장 높은 영광의 자리에 앉으셨으며, 땅과 하늘의 모든 것을 다스리는 권세를 가지고 계심을 이야기하라. 또한 부활과 승천과 높임을 받으신 것이 무엇을 위함인지, 모든 신자는 그것을 어떻게 누리며 기뻐해야 하는지 알려주어야 한다.

199. 특히 지금 하늘에 계신 예수님의 변호와 중재에 대해 분명히 이야기해주어야 한다. 즉, 그가 우리를 위해 어떻게 하나님 앞에 나아가시며, 이 땅에서 보인 그의 순종과 희생의 공로가 지금 신자들에게 적용되기를 얼마나 바라시는지 말해주라. 더 나아가 그는 변호자로서 그들에 대한 모든 고소에 답변하신다. 그리고 그들의 인격과 기도와 봉사가 하나님께 열납될 것이며, 그들의 일상적인 연약함에도 불구하고 온전한 확신 가운데 안식과 양심의 평안을 얻을 수 있다고 선언하신다. 신자는 주의 희생과 죽음을 의지하듯 이 변호를 의지해야 하며, 특히 기도할 때와 수많은 부족함을 느낄 때 그러해야 한다는 것을 말해주라.

200. 사람이 염려해야 할 가장 중요하고 심각한 사건인 죽음에 대해 자녀들과 자주 이야기를 나누어야 한다. 왜냐하면 그후에 영

원세계가 뒤따르기 때문이다. 영혼은 불멸하며, 영혼이 육체를 떠나갈 때 하나님과 자신에 대한 더 크고 다른 지식을 얻게 되며, 큰 기쁨을 누리거나 큰 고통에 빠지게 된다는 것을 분명히 말해주어야 한다. 또한 죽음 이후에 그들은 영원한 곳으로 가게 된다는 것도 말해주라.

친구나 이웃 중에 어린이든 어른이든 경건한 사람이나 불경한 사람이 죽었을 때, 특히 가족 중 한 사람이 죽었을 때를 이러한 이야기를 할 기회로 삼으면 좋다. 또 아픈 사람이나 죽어가는 사람, 특히 죽어가는 아이들을 방문할 때, 그들이 신자든 불신자든 간에 자녀들을 데리고 가라. 그리고 집에 돌아왔을 때, 죽음과 영원세계에 대해 함께 이야기를 나누는 시간을 가지라. 그 죽어가는 사람이 참으로 하나님을 두려워하고 사랑한다면 그 영혼이 지금 어디에 있고, 무엇을 생각하며 즐거워할지, 또 그 죽어가는 사람이 하나님을 섬기고 복종하지 않거나 예수님을 구주로 영접하지 않았다면 그 영혼이 지금 무슨 생각을 하며 고통받고 있을지 이야기해보는 것도 좋다.

201. 경건한 사람들이 죽음을 두려워할 필요가 없는 이유를 분명히 설명해주어야 한다. 즉, 그들이 죽을 때 몸과 영혼이 분리되는데, 그때 그들은 그리스도로부터 분리되지 않고 그대로 그와 연합한 채 있게 된다. 게다가 죽음은 그들에게 큰 유익이 된다. 죽음으로 인해 이생의 모든 질병과 고통과 불행과 고난에서 벗어날 뿐 아니라, 여기서 큰 짐이 되었던 죄와 죄의 유혹에서 벗어나게 되기 때문이다. 지금 흙으로 변하는 그들의 몸은 더 큰 영광 속으로 들려 올라가며,

다시 그들의 영혼과 연합하여 영광스럽고 복된 영원한 삶을 영위할 수 있다.

그러므로 죽음은 그들의 몸을 잃어버리는 것을 뜻하지 않으며, 그로써 그들의 영혼은 세 가지 유익을 얻게 된다. 첫째, 감옥에서 궁전으로, 흙으로 지은 오두막에서 천국의 집으로 처소를 옮기게 된다. 둘째, 악하고 제어하기 힘든 모든 욕구와 갈망으로부터 해방되며 완전히 거룩하게 되기 때문에 질적으로 변화를 겪는다. 셋째, 죽음은 교제를 변화시킨다. 즉, 죄인들과의 교제를 끊고 성도들과 천사들과 교제하며, 그 얼굴에 기쁨이 충만하고 그 우편에 영원한 즐거움이 있는 삼위일체 하나님과 교제를 나누며 나날을 보낸다. 경건한 자의 죽음이 얼마나 아름다운지 분명히 말해주라. 그들에게 죽음은 천국과 영원한 행복으로 들어가는 문에 불과하다. 자녀들이 이를 염두에 두고 경건한 삶을 살며 죽음의 고통을 없애주시는 그리스도와 동행하기를 갈망하게 하라.

202. 또 한편으로 불신자들의 죽음이 얼마나 끔찍하고 무서운 것인지 이야기해줄 필요가 있다. 그들은 육신의 죽음뿐 아니라 영적인 죽음, 즉 두 번째 죽음을 겪게 되는데, 그것은 그들의 영혼과 몸을 하나님으로부터 영원하고 완전하게 분리시킨다. 그들은 죽을 때 그들의 영혼과 함께 이 땅을 떠나 어둡고 끔찍한 감옥으로 들어갈 것이며, 세상 즐거움을 떠나 저주받은 영들과 마귀들에게 둘러싸여 끔찍한 고통 속으로 들어갈 것이다. 따라서 죽음은 그들에게 쓴 고통을 가져다주는 저주이며 지옥으로 들어가는 문이다. 거기서 그들

은 고통을 당하다가, 부활과 심판 날이 이르면 그들의 몸과 재결합되어 그 고통이 더욱 심해질 것이다. 경건한 자들과 불경한 자들의 죽음에 대해 이야기하고, 당신이 알고 믿으며 마음속으로 분명히 그리고 있는 그림을 그들에게 보여주어야 한다.

203. 자녀들에게 매일 죽음을 준비하며 자신의 운명에 대해 생각해야 한다는 것을 알려주어야 한다. 그들은 자신이 반드시 죽는다는 것은 알지만, 언제 죽을지는 모른다. 인간 생명의 연약함에 대해 이야기하라. 그것은 들의 꽃과 같으며, 수증기 같고, 그림자 같다는 것과, 삶이 얼마나 빨리 지나가는지, 얼마나 많은 사람들이 젊을 때 죽는지 이야기하면 도움이 된다. 그들은 내일 어떻게 될지 모르므로, 자기의 날을 계수하여 지혜로운 마음을 얻고 구원의 확신을 구하는 법을 배워야 한다.

더 나아가 인간의 연약함과 죽을 수밖에 없는 운명에 대해 말해주는 다음 성경 구절을 읽고 암송하게 하라(욥 9:25; 14:2; 17:14; 27:8; 30:23; 시 37:37; 39:5-6; 90:12; 146:4; 전 11:8-9; 12:5-8; 사 40:6-7; 히 9:27; 약 4:14; 벧후 1:13-14).

204. 신자든 불신자든, 인간의 부활에 대해 질문하고 답변하면서 솔직한 이야기를 나누어야 한다. 경건한 자들이 얼마나 기뻐하며 부활할 것인지, 그들의 영혼이 어떻게 하늘에서 내려와 그들의 몸 속으로 들어갈 것인지 말해주고, 그 몸은 완전히 영광스럽고 아름답고 영원한 불멸의 몸이라는 것을 설명해주라. 그들은 무덤에서 영광을 입은 천사들을 만날 것이며, 또 그 천사들이 다른 경건한 사람들을 만나게 해줄 것이다. 그들은 서로 만나 이야기를 나눌 것

이며, 함께 하늘로 올라가 주 예수님과 함께 거하면서 말할 수 없는 기쁨을 누릴 것이다.

반면에 불경한 사람들은 부활할 때 얼마나 두렵고 떨릴 것인지, 어떻게 그들의 영혼이 동시에 지옥에서 나와 그들의 몸 속으로 들어갈지 말해주고, 또 그 몸은 역겹고 추하고 무시무시하고 실로 영원토록 죽지 않을 것이며, 그들은 더 오래, 더 큰 고통을 당하게 될 것임을 말해주라. 그들은 부활할 때 그들을 유혹하고 속여 지옥으로 끌어들인 마귀들을 만날 것이다. 그들은 서로 만나 경건한 자들에게서 자신들이 분리되는 것을 보고 주 예수님이 거기서 그들에게 보복하기 위해 타오르는 불과 함께 나타나시는 것을 보게 될 것이다. 당신은 이런 광경을 이미 본 것처럼 생생하게 묘사해주어야 하며, 분명한 확신을 가지고 전달해주어야 한다.

205. 예수님이 어떻게 재림하셔서 심판하실지 이야기하라. 이 땅에서 그를 대적하던 원수인 마귀와 사망에 대해 이야기하고, 모든 사람들을 심판하기 위해 어떠한 능력으로 오실지 이야기하라. 그는 큰 영광 중에 모든 거룩한 천사들의 화려한 행렬에 둘러싸여 햇빛보다 천 배 더 밝은 빛 가운데 나팔소리와 천사장의 음성과 함께 임하실 것이며, 모든 죽은 자들이 예수님의 음성을 듣게 될 것이다. 그때 그는 무덤에서 모든 죽은 자들을 일으키실 것이며, 그의 심판석 앞에 모든 열방을 모으시고, 의로운 자들과 불경한 자들을 분리하시며, 책들을 펼쳐 모든 자들을 심판하실 것이다.

이 책들은 다음과 같다.

(1) 하나님의 기억의 책 : 그 안에는 모든 사람들의 이름, 직무와 지
위, 사는 곳, 은혜의 수단과 주신 은혜들, 구원, 그들의 행위들이
기록되어 있다. 또한 그들이 자신들에게 주어진 은혜의 수단들
과 하나님의 섭리 가운데 사는 동안 그 직무를 수행하면서 행한
일들도 기록되어 있다. 어떤 사람이 태어나서 죽을 때까지 행한
모든 선행과 악행, 은밀하게 지은 죄와 공공연한 죄들이 모두
기록되어 있다.

(2) 인간의 양심의 책.

(3) 율법의 책.

(4) 복음의 책.

(5) 생명의 책.


이러한 사실을 진지하게 믿는 자로서 이 이야기를 해야 한다. 왜
냐하면 당신이 그것을 어떻게 보는가에 따라 자녀들이 강한 인상을
받을 수도 있고 받지 못할 수도 있기 때문이다.

206. 경건한 사람들이 어떻게 그리스도의 심판대 앞에 서게 될
지, 그들 안에 있는 은혜와 그들이 이 땅에서 누리고 드러낸 은혜의
크기가 심판대 앞에서 어떻게 드러나게 될지 분명히 설명해주어야
한다. 그때 그들의 믿음과 사랑, 소망, 겸손과 온유함, 자기 부인과
오래 참음, 하나님으로 말미암은 슬픔과 죄에 대한 슬픔, 영적인 기
쁨과 하나님과 그의 말씀과 예배에 대한 기쁨이 분명히 드러날 것

이다. 그들의 사랑과 자비의 역사, 주를 섬기는 일에 자신의 재능과 은사와 축복받은 환경을 사용한 것, 핍박과 비방과 손해, 추방, 감금 등을 주의 이름을 위해 참고 견딘 일과 그들의 거룩한 마음이 세상에 온전히 드러날 것이다.

그때에 하나님의 은혜로운 용서의 풍성함을 영화롭게 하기 위해, 경건한 자들의 죄 또한 드러날 것이나, 그들은 부끄럽거나 슬퍼하거나 비난을 받지 않을 것이다. 왜냐하면 주께서 이미 그것들을 덮어주셨고 더 이상 생각지 않으실 것이기 때문이다. 다만 주님 안에서 누리는 그들의 기쁨이 더욱 풍성해질 것이다. 그들은 믿고 회개할 때 그 모든 죄들이 그리스도의 보혈로 깨끗해졌다는 것을 안다. 또한 잃어버린 불신자들은 그런 죄인들이 그리스도를 믿고 주님께로 돌아섰기 때문에 은혜를 받았다는 말을 듣고 낙담과 슬픔에 빠질 것이다. 그때 그리스도는 그들에 대한 판결을 선포하실 것이다. 즉, 죄를 사하시고, 영원한 영광을 주시며, 그들을 위해 예비하신 하늘 나라를 취하라고 부르실 것이다. "내 아버지께 복 받을 자들이여, 나아와 창세로부터 너희를 위하여 예비된 나라를 상속받으라." 그들은 기뻐하고 찬송하며 영원한 생명으로 들어갈 것이고, 영원한 기쁨이 그들의 마음에 충만할 것이다.

207. 한편, 그리스도의 몸에 속하지 않았고, 하나님을 몰랐거나 복음에 순종하지 않은 불신자들이 위대한 심판자이신 주 예수님 앞에 어떻게 나아올지에 대해서도 분명하게 설명해주라. 그리스도는 거룩한 천사들과 함께 모든 영광 가운데 위대하신 모습으로 그들에

게 나타나실 것이며, 가장 힘 있고, 모든 것을 아시며, 거룩하고, 공평하며, 의롭고, 매우 격노하신 재판관으로서 영광의 보좌에 앉아 계실 것이다. 불신자들의 모든 죄가 거기서 드러날 것이다. 즉, 율법과 복음을 거스른 죄, 의무를 행하지 않은 죄와 금지된 것을 행한 죄, 악한 생각이나 정욕, 욕구, 정열, 은밀한 쾌락 등으로 지은 마음의 죄, 공허하고 쓸데없고 모질고 거짓되고 부패하고 비방하는 말을 하여 지은 혀의 죄, 그리고 행위의 죄가 있다.

그날 고소인들과 증인들은 불신자들을 반대하는 입장에 설 것이다. 즉, 그들에게 경고한 경건한 설교자들과 친구들뿐 아니라, 의롭고 선하시며 오래 참으시고 전지하신 하나님도 그러하실 것이다. 또한 불신자들의 개인적인 양심과 더불어, 마귀들과 그들의 불경한 친구들과 동료들, 특히 그들에게 미혹되어 죄악의 삶에 빠지게 된 자들도 그들에게서 돌아설 것이다. 그리스도께 유죄선고를 받은 그들은 그로부터 끔찍한 말을 듣게 될 것이다. "저주를 받은 자들아 나를 떠나 마귀와 그 사자들을 위하여 예비된 영원한 불에 들어가라."

그후에 그들은 예수 그리스도와 거룩함을 입은 자들과 하늘의 축복을 받은 자들에게서 떠나 영원한 고통의 길로 나아갈 것이다. 그들은 그 순간부터 세상의 위로와 다른 사람들이 누릴 모든 영광과 축복에서 영원히 멀어진 것을 깨달을 것이다. 그리고 그들도 그 축복을 받고 누릴 기회가 있었다는 사실을 기억할 것이다. 왜냐하면 그들도(적어도 복음이 전파된 지역에 살았더라면) 은혜와 용서, 평화, 생명, 구원의 초청을 거듭 받았을 것이기 때문이다.

그러나 그들은 수많은 어리석고 헛된 욕망과 정욕, 사소한 쾌락을 더 중요시했기 때문에 그 초청을 받아들이지 않았다. 그들 중 몇 사람은 어떤 죄에 집착하지만 않았어도 그 축복과 평화와 생명에 가까이 다가갔을 거라고 후회할 것이다. 그들은 이제 영원히 그 은혜를 박탈당할 것이며 다시는 얻지 못할 것이다. 이제 은혜의 문은 영원히 닫혀 있을 것이기 때문이다. 이 모든 것을 자녀들에게 감동적으로 전하여, 그에 대한 강한 인상을 심어주어야 한다.

208. 지옥과 저주받은 자들의 형벌에 대해 자주, 매우 진지하게 이야기할 필요가 있다. 그들이 가장 거룩하시고 의로우시며 강하시고, 죄에 대해 보복하시며, 죄인을 벌하심으로 자신의 무한한 지혜와 능력을 영화롭게 하기 원하시는 살아 계신 하나님의 손 안에서 얼마나 끔찍한 상황에 처했는지 설명해주라. 그들의 영혼은 영광스럽고 위로하시는 하나님의 임재와 천국의 복을 빼앗길 것이며, 이 결핍이 가져다 주는 고통이 거의 지옥의 절반을 차지할 것이다.

그러나 그들의 영혼은 또한 그들에게 임한 하나님의 타오르는 진노를 느끼고 전능하신 분의 화살을 맞음으로 공포와 두려움과 고통의 형벌을 받게 될 것이다. 그들이 처할 상황을 생각하면 얼마나 불쌍하고 끔찍한가! 하나님의 진노가 물처럼 그들에게 쏟아져 흘러넘치면, 얼마나 큰 슬픔과 헤아릴 수 없는 공포와 두려움, 끔찍한 고통과 절망이 그들의 영혼을 짓누르겠는가!

지옥에 있는 동안 마치 죽지 않는 벌레처럼 계속 그들을 괴롭히고 그 마음을 갈갈이 찢어놓을 그들의 양심 때문에 그들 안에도 지옥이 가득할 것이다. 하나님의 진노의 바람 때문에 그들의 마음속에 폭풍이 몰아칠 것이다.

그들의 몸도 심판 날 이후 불과 유황으로 타오르는 못 안에 들어가 고통을 당하게 될 것이다. 그들의 눈이 탈 것이고, 그들의 혀가 비명을 지르는 동시에 고통스럽게 타버리고, 손과 발과 살도 다 타버릴 것이다. 이 무시무시한 지옥의 맹렬한 불길에 몸의 한 부분도 성하지 않을 것이다. 그 형벌은 불에 녹은 납이나 그 찌꺼기들이 그들의 몸 속으로 쏟아부어지거나, 사나운 말들이 그들의 몸을 찢거나, 뜨겁게 달구어진 집게로 그들의 흉부가 찢기고 심장과 살이 몸에서 떨어져나가는 것보다 더 가혹할 것이다.

그들은 사람들이 이 세상에서 경험하는 모든 질병과 고통, 즉 두통, 치통, 담석, 신장 결석, 통풍, 고열, 곪아터진 궤양 등을 동시에 경험하는 것보다 더 크고 심한 고통을 당한다. 그러나 그들의 영혼과 몸은 더 크고 더 능력 있고 더 강해져서, 가장 심하고 예리한 고통을 당하면서도 파괴되지 않을 것이다. 그들의 형벌은 절대 끝나거나 완화되지 않을 것이며, 밤낮 쉬지도 못하고 울며 이를 갈 것이다. 먹을 것이나 마실 것도 없고, 푹신한 침대도 없고 즐겁게 걸으며 볼 것도 없고, 좋은 향기도 맡을 수 없으며, 기운을 돋우는 생각이나 사랑스러운 소리도, 동정하며 그들을 지켜볼 눈도, 원기를 회복시켜 줄 사람도 없을 것이다.

오히려 지옥의 감옥과 바깥 어두움 속에서 울부짖으며 필사적으로 날뛰며 참담한 말을 하는 저주받은 사람들과 마귀들과 함께함으로 그들의 고통은 더욱 커질 것이다. 그 형벌과 고통은 피할 수 없다. 일단 불신자가 그 안으로 들어가면 다시는 구원받거나 용서받거나 하나님과 화해할 수 없다. 돌이킬 수 없는 저주의 판결이 그들에게 내려질 것이며, 어떠한 속죄제물도 지옥 안에 있는 그들에겐 아무런 소용이 없을 것이기 때문이다.

특히 그 형벌이 영원히 지속될 것을 생각해보라! 이 지옥 불은 영원히 꺼지지 않을 것이다. 고통의 연기가 영원히 타올라 그들은 늘 죽어가고 소리 지르고 불에 타고 침몰하면서도 절대로 죽거나, 다 타버리거나, 구덩이의 바닥까지 내려가지 않을 것이다. 지옥에 떨어진지 수십만 년이 흘러도 광대한 하늘의 별들처럼, 해변의 모래알들처럼, 바다 속의 물방울들처럼, 공기 속의 먼지 알갱이들처럼, 그들의 고통은 처음과 동일할 것이며, 조금도 마지막에 가까워지지 않을 것이다. 고통으로 수많은 세월을 보내도, 그들은 영원 속에서 털끝만큼도 앞으로 나아가지 못할 것이다.

오, 영원, 영원, 영원이여! 얼마나 멀리 펼쳐지는가! 얼마나 무한하고 광대한가! 저주받은 자들에게 그 영원함이란 얼마나 끔찍하겠는가! 쉴 새 없이, 희망도 끝도 없이 최악의 고통을 당한다고 생각해보라! 그 무서운 구덩이와 불못에 빠져, 영원히 빠져나올 가능성도 없이 타오른다고 생각해보라! 오, 무시무시하고 소름끼치고 눈먼 세상이여! 오, 계속 죄 가운데 살며 회개하지 않고 그런 형벌을 피하거나 막을 생각도 하지 않는 어리석은 죄인들이여! 오, 지옥 속의 지옥을 뜻하는 영원이여!

209. 다른 한편으로, 천국과 그곳에서 누릴 영광과 축복에 대해 믿음을 가지고 강하게 호소하며 이야기해야 한다. 의로운 사람들의 몸은 천국의 기쁨을 맛볼 것이다. 왜냐하면 그들의 몸은 그리스도의 영광스러운 몸을 따라 완전히 건강하고 멋지게 변하여, 아버지의 나라에서 해처럼 빛날 것이기 때문이다. 황홀한 기쁨과 사랑을 느끼고 파노라마식으로 펼쳐지는 광경들을 보며 그곳의 영광을 지니기 위해선 강한 몸이 되어야 할 것이다.

그들은 영들처럼 움직임이 재빠르고 민첩한 영적인 몸이 될 것이다. 또한 영원히 죽지 않을 것이다. 그 영혼들은 완전하고 거룩하고 영광스럽게 될 것이다. 그들의 생각, 지성, 기억, 의지, 열정은 그곳에서 완전히 거룩해질 것이다! 거기에는 무지함이 없고, 행복을 누리기 위해 알아야 할 모든 것을 분명히 이해하게 될 것이다. 복받은 자들은 하나님 말씀의 신비와 하나님의 다양한 지혜를 모두 이해할 것이다. 그들의 사랑과 기쁨을 확장시키고 그들의 영혼을 들어올려 하나님을 찬양하게 도와줄 모든 것을 기억할 것이다!

의로운 사람들은 모든 일에서 하나님의 뜻에 기꺼이 따를 것이다. 하나님 안에서, 하나님의 아들 안에서, 천사들 안에서, 다른 거룩한 자들 안에서, 그들 자신 안에서 하나님을 볼 것이다. 하나님은 의로운 자들의 온전한 축복이 되시며 그들에게 가장 소중한 존재가 되실 것이다! 그들은 하나님을 온전히 알고 사랑하고 즐거워할 것이다. 지금은 멀리서 희미하게 거울을 보는 것처럼 성도들과 그리스도 안에서만 하나님을 보지만, 그때는 하나님을 분명히 알게 될 것이며, 가까이서 직접 대면하게 될 것이다.

그들은 그때 하나님과 그리스도와 거룩함을 입은 자들을 완전히 사랑하게 될 것이다. 거기서 그들은 완벽하게 알고 보게 될 것이기 때문이다. 무엇보다도 영원 전부터 그들에게 주어진 하나님과 그리스도의 무한한 사랑을 알고 느끼게 될 것이다. 천국에서 최고의 행복과 최고의 선을 온전히 누림으로써 충분히 만족하고도 남을 것이며, 지칠 줄 모르고 슬픔도 없는 하나님의 기쁨의 샘에서 물을 마실 것이다.

이 모든 것이 영원히 계속될 것이다. 그 영원한 기쁨은 천국의 천국이다. 그들이 이 복된 천국에서 보낼 세월은 숫자로 다 기록할 수 없으며, 그 복된 상태는 늘 처음과 같아서 결코 끝나지 않을 것이다. 그들은 하나님이 하나님이 되시는 한 영원히 언제나 완벽한 행복을 누릴 것이다. 오, 복되도다, 영혼을 황홀케 하는 영원이여! 그 누가 그것을 얻기 위해 투쟁하고 애쓰지 않겠는가! 부모가 어떻게 자녀의 심령의 깊은 곳을 울릴 수 있도록 죽음, 부활, 심판, 지옥, 천국을 올바르게 인식시켜야 하는지를 보여주기 위해, 마지막 몇 장에 나의 견해를 충분히 말해 놓았다. 이것들을 자녀들이 이해하기 쉽게 설명해주어 그들의 마음에 새겨지고 스며들게 해야 한다. 이를 통해 이것들이 자녀의 삶 전체에 영향을 미칠 것이다. 이어지는 규칙들에서 더 간단히 설명하겠다.

# 대화를 통해 경건을 가르치라

### ▶경건한 사역자들에 대해 존경하는 태도로 말하기

신앙 때문에 세상에서 멸시를 당하는 사람들을 비롯하여 하나님을 경외하는 사람들에 대해 사랑하고 존경하는 마음으로 이야기하라. 이것은 자녀들 안에 하나님을 경외하는 사람들에 대한 존경심을 심어준다. 부모가 경건한 사람들에 대해 무시하고, 모욕하고, 조롱하는 태도로 이야기하는 것을 들은 아이들은 잘못된 견해를 받아들인다.

### ▶성경의 능력과 가치, 읽는 법 알려주기

성경을 여기서 한 장, 저기서 한 장 읽게 하지 말고, 체계적이고 순차적으로 읽게 하는 것이 좋다. 먼저 신약성경을 읽고, 그 다음에 구약을 읽게 하라. 쉬운 부분을 먼저 읽히고, 그 다음에 좀 더 어려운 부분을 읽히는 것이 좋은 방법이다. 하나님의 말씀을 어쩌다가 한 번 읽게 하지 말고, 매일 읽게 하며 한 번에 너무 많은 부분을 읽기보다는 조금씩 읽으며 묵상하고 암송하게 하라.

### ▶천국과 지옥에 대해 이야기하기

지옥과 저주받은 자들의 형벌에 대해 자주, 매우 진지하게 이야기할 필요가 있다. 거룩하시고, 의로우시며, 강하시고, 죄에 대해 보복하시는 하나님을 알게 하라. 천국과 그곳에서 누릴 영광과 축복에 대해 믿음을 가지고 강하게 호소하며 이야기해주라.

# 8장
# 참된 믿음으로 살기 위한 규칙

이 장은 하나님의 은혜로 자녀들이 거듭남과 회심뿐 아니라
참된 구원 신앙을 인지하고 이해하며 실천하게
하기 위한 규칙들을 담고 있다. 또한 이 세상에서
신자들과 회심한 사람들이 누리는 특권들도 소개한다.

●

●

210. 죄인을 향한 하나님의 이중적인 부르심 교리를 명확히 가르쳐주어야 한다. 우선 말씀의 외적 사역에 의한 외적인 부르심이 있는데, 여기에 무언가가 더해지지 않으면 그 사람은 회심에 이르지 못한다. 그것은 효과적인 내적 부르심 내지 하나님의 '이끄심'이다. 이 거룩한 부르심으로 죄인이 자신의 죄와 비참한 상태를 강력히 깨닫게 되고, 구주 그리스도에 관해 구원에 이르는 조명을 받게 되고, 동시에 고집이 꺾이고 부르심에 기꺼이 응답하며 그리스도 안에서 하나님의 은혜를 받아들이게 된다. 첫 번째 부르심으로 사람들은 눈에 보이는 교회의 일원이 될 수 있으나, 오직 두 번째 부르심이 있어야만 보이지 않는 교회의 일원이 된다. 그러므로 자녀들에게 구원을 받기 위해선 두 번째 부르심에 참여해야 한다는 사실을 분명히 설명해주라.

211. 구원받는 믿음의 본질과 그 작용을 잘 이해할 수 있도록 도와주어야 한다. 이 믿음은 복음의 약속들에 대한 진리를 머리로 동의할 뿐 아니라 심령으로 그리스도를 영접하고 의지하는 믿음이다. 지혜와 용서와 성화와 능력을 얻기 위해 그리스도의 삼중 직임을 어떻게 이해해야 할지 그들에게 가르쳐주고, 올바른 방법으로 그리스도를 붙드는 데 영혼의 초점을 두어야 함을 말해주는 것이 좋다. 구원받는 믿음을 그들 안에 심어 주는 것은 너무나 중요하다. 왜냐하면 사람은 믿음으로 그리스도께서 주시는 모든 복과 약속에 참여하게 되기 때문이다. 구원받는 믿음에 대한 잘못된 견해는 모든 일을 망치며, 이것보다 더 오해하기 쉬운 것은 없다. 왜냐하면 구원받는 믿음은 우리의 본성을 초월하며, 거스르기 때문이다.

212. 참된 믿음의 증거와 증표들에 대해 자녀들과 많이 대화해야 하지만, 그중 몇 가지에 대해서만 이야기를 나누라. 이 몇 가지는 분명하고 명백해야 한다. 이러한 증표를 분명하게 이해시켜서 자녀들이 그것들을 주제로 당신과 지적인 대화를 할 수 있게 하라.

213. 어떻게 믿음으로 살아야 하고 어떻게 모든 일에 그리스도가 필요한지 가르쳐주어, 우리의 모든 삶과 행위에 믿음이 반드시 필요하다는 것을 이해시켜야 한다. 그들은 모든 상황에서 주 예수님께 나아가 그로부터 능력과 힘을 얻어야 한다는 것을 분명히 말해주라. 그들은 예수님의 손으로부터 모든 약속이 성취되는 것을 보아야 부족함이 없을 것이다. 이것이 어떤 상황에서도 전혀 손실을 당하지 않는 그리스도인의 삶의 큰 비밀이다. 그들이 이 비밀을 이

해하고 그 비밀에 담긴 지혜를 참으로 실천할 때, 그것은 가장 귀한 것이 될 것이다.

214. 하나님의 성령이 한 사람에게 새 생명을 주시고, 지성과 의지, 양심, 기억력, 내적 성향의 깊은 곳을 새롭게 하고 질적으로 변화시켜, 그들의 몸 또한 전과 다르게 사용할 수 있게 하시는 거듭남이 무엇인지 분명히 설명해주어야 한다. 거듭난 사람의 특성이 무엇인지 알려주어, 그들이 그것에 대한 분명한 통찰을 얻게 하고, 그들 안에 이러한 증표들이 있는지 물어보아야 한다.

215. 거듭난 사람은 그렇지 못한 사람에게는 없는 다섯 가지 영적인 감각을 가지고 있음을 말해주라. 즉, 영적인 시각, 영적인 미각, 영적인 촉각, 영적인 청각, 영적인 후각이다. 그들이 이해할 수 있는 수준에 맞추어 이것을 설명해주면 좋다. 그런 식으로 그들은 거듭남의 특성과 그 작용을 더 잘 이해하게 될 것이다. 또한 그들이 이 점에 대해 자신을 살피도록 촉구해야 한다.

216. 모든 거듭난 사람 안에 존재하며 거듭나지 않은 사람들에게는 없는 여섯 가지 영적인 감정 내지 열정의 본질과 그 작용을 자세히 설명해주어야 한다. 그것은 곧 영적인 사랑, 영적인 증오, 영적인 두려움, 근거가 충분한 영적 소망, 영적 기쁨, 영적 슬픔이다. 그들이 이러한 것들을 잘 이해하고 이것들에 대해 자신을 시험해볼 수 있을 때까지 포기하지 말고 설명해주어야 한다.

217. 특히 경건한 사람들을 향한 진실한 사랑이 거듭난 사람의 증표임을 콕 집어 말해주는 것이 중요하다. 왜냐하면 경건한 사람

들에 대한 사랑은 믿음이 아주 연약한 하나님의 자녀들 안에서도 분명히 볼 수 있으며, 모든 참된 신자들 안에서 쉽게 찾아볼 수 있기 때문이다. 이 사랑은 모든 경건한 사람들을 향해 확장되어 나간다는 사실을 잘 설명해주어야 한다. 이 증표로 인해 많은 것들이 분명해지며, 자녀들이 자신의 참된 상태—적어도 그들의 영혼 안에 참된 은혜가 있다면—를 발견하게 해주어 그들을 격려하는 데 도움이 될 것이다.

218. 생명을 얻는 참된 회심의 특성과 작용들을 설명해주어야 한다. 이것이 거듭남과 다른 점은, 이것은 거듭남이 실제적으로 드러나는 현상으로서 이 일이 일어나려면 거듭날 때 주어지는 생명 원리, 새로운 성향, 능력 등이 필요하다는 점이다. 회심이란 죄에서 돌이켜 하나님께로 돌아서서 새롭게 순종하는 것이다. 자녀들에게 죄에서 돌이켜 하나님께로 돌아서서 새로운 순종을 나타내기 위해 특별히 요구되는 것들이 무엇인지 말해주어야 한다. 그리고 실제로 그 일들을 하도록 권면하라.

219. 단순히 죄를 아는 데 그치지 않고 그 죄들로 인한 비참한 상태를 느낄 수 있도록 죄에 대한 느낌을 이야기해주라. 비참한 상태를 느끼지 못하면 진정으로 죄를 멀리하고 예수님께 나아가 용서와 치유를 받을 수 없을 것이다. 이 문제를 긴급하게 다루어, 죄에 대해 느끼게 해달라고 주님께 구할 것을 촉구해야 한다. 죄에 대한 바른 느낌이 없으면 그리스도께서 그들에게 도움을 주실 수 없다.

220. 죄에 대한 모든 슬픔이 진실한 것은 아니며, 회심의 초기 단

계나 그후에도 슬픔은 계속 필요하므로, 죄에 대한 참된 슬픔이 어떤 특성을 지니고 있고 어떤 작용을 하는지 그들에게 분명히 인식시켜야 한다. 이것을 회심하지 않은 사람들에게서 볼 수 있는 형식적이고 세속적인 슬픔과 구별하여, '경건한 슬픔' 또는 '복음적인 슬픔'이라고 부른다. 그들이 복음적인 슬픔의 증표들을 이해하게 하고, 지속적으로 이 기준으로 자신을 평가하도록 도와줄 필요가 있다.

221. 회심한 사람들이 죄를 얼마나 싫어하며 얼마나 싫어해야 하는지, 죄와 자기 자신을 얼마나 혐오하는지 보여주라. 어떤 행동과 증거들로 죄를 정말로 미워한다는 것을 알 수 있는지 말해주고, 그들에게 그런 마음이 있는지 스스로 시험해보게 하는 것도 좋은 방법이다. 그들이 죄에 대해 어느 정도 민감하고, 안타까워한다 하더라도, 온 마음으로 죄를 미워하고 반대하지 않으면 아무 유익이 없을 것이다.

222. 죄인들을 향한 하나님의 자비가 매우 쉽게 남용될 수 있음을 기억해야 한다. 그럼에도 불구하고 그리스도 안에 있는 하나님의 자비에 대해 올바른 견해를 갖고 있지 않으면, 나는 은혜를 받지 못할 거라는 잘못된 생각에 빠져 회심하지 못하고 절망에 빠지게 된다. 그러므로 그들이 하나님의 자비에 대해, 왜 그것이 필요하며, 어째서 그리스도 안에서 그를 통해서만 그 은혜를 받을 수 있는지에 대해 분명히 알도록 도와주어야 한다. 더 나아가 아무리 악한 죄인들이라도 회심하여 그리스도를 통해 은혜를 받고 구원받을 희망이 있다는 분명하고 풍성한 증거들을 제시해주는 것이 바람직하다. 이러

한 증거들로 그들을 격려하여, 그들 또한 그리스도 안에서 은혜와 자비를 받아 구원과 경건한 삶에 이를 때까지 쉬지 않도록 하라.

223. 자녀들에게 어떻게, 무엇을 통해 죄를 못 박고, 뿌리 뽑고, 죽여야 하는지 가르쳐주라. 또한 그 목적을 위해 어떤 수단을 사용해야 하는지 알려주어야 한다. 이것은 영적인 지혜와 하나님의 말씀을 따라 행해야 하는 지극히 중요한 일이기 때문이다. 그들이 이것을 잘 이해하고 어떻게 적용해야 하는지 알게 될 때까지 자주 설명해주어야 한다. 그렇지 않으면 그들의 모든 선한 의도가 수포로 돌아갈 것이다. 이와 관련해서 믿음과 회개가 특별한 역할을 하므로, 이것은 복음을 가르칠 때 그들에게 가르쳐야 할 특별한 기술이다.

224. 그들이 하나님 앞에서 어떻게 숨김없이 또는 꾸밈없이 죄를 고백해야 하는지 가르쳐주어야 한다. 우리는 죄에 대한 슬픔과 증오를 품고, 진실한 마음으로 죄를 버리고 대적해야 한다.

225. 그들이 어떻게 하나님을 의지해야 하는지, 특히 새로운 순종으로 자신을 드리는 것이 무슨 의미인지 분명히 가르쳐주고, 그렇게 하도록 강권해야 한다.

226. 그들이 거듭남과 회심을 갈망하게 만들려면, 한 사람이 거듭나고 회심하지 않으면 할 수 없는 일들을 보여주어야 한다. 이것을 가볍게 지나치지 말아야 한다. 왜냐하면 거듭나지 않고 회심하지 않는 한 자신이 전적으로 무능력하다는 것을 깨닫는 것이 매우 중요하기 때문이다.

227. 자기는 선을 행할 능력이 없으며 하나님이 조만간 사정이

되는 대로 적절한 때에 그 일을 하셔야 한다고 말함으로써, 단지 회심과 거듭남을 막연하게 바라는 정도로 슬쩍 넘어가서는 안 된다. 회심하지 않은 사람들은 회심한 사람들이 가진 것을 갖고자 하는 진심어린 소망이 없기 때문에 회심하지 않은 상태로 지내는 것임을 자녀들에게 알려주어야 한다.

결국 그들의 가장 큰 불행은 하나님이 그들에게 하라고 명하시는 일들을 하기 싫어하고 방치한다는 데 있다. 따라서 자녀들이 비록 세속적인 사람이고 회심하지 않은 사람들이라 할지라도 할 수 있는 일이 무엇인지 보여주고 다음과 같은 일들을 실천하도록 촉구해야 한다.

1. 그들은 자신의 자연적인 상태가 얼마나 악하고 비참한가를 진지하게 살펴보기 시작할 수 있다. 즉, 회심하지 않은 자연 상태에서 살다가 죽는 모든 사람들이 어떻게 구제받지 못하고 영원히 파멸될 것인지 생각해보기 시작할 수 있다. 아무도 자신의 능력으로 그 상태에서 자신을 구원할 수 없다. 이생에서 그것으로부터 구원받지 않으면, 절대 구원받지 못할 것이다. 그들은 영혼이 얼마나 귀중한지, 그것을 잃는 것이 세상의 모든 보화와 명예와 쾌락을 잃는 것보다 얼마나 더 큰 손실인지 생각해볼 수 있다.

2. 그들이 악하다는 것, 그들이 죄 안에 머무는 것과 죄가 그들 안에 머물게 하는 것이 매우 위험한 일이라는 사실을 확신하기까지, 어느 정도 자신의 상태와 행위들을 살피고 시험해볼 수 있다.

3. 깨달은 죄들을 자백하고 용서를 구할 수 있다.

4. 많은 죄들, 특히 크고 외적인 죄들에 작별을 고하고, 삼가며, 자제하고, 그들을 유혹하는 장소나 교제를 멀리할 수 있다.

5. 하나님의 말씀을 들을 수 있는 곳으로 갈 수 있다.

6. 외적으로 주일을 지킬 수 있다.

7. 금식일을 지키고 수많은 오락을 삼갈 수 있다.

8. 경건한 사람들에게 기도를 부탁할 수 있다.

9. 설교자들을 찾아가, 자신의 비참한 상태에 대해 한탄하며, 구원받는 방법에 대한 조언을 구할 수 있다.


그러나 그들이 이러한 것들을 소홀히 한다면, 회심하기를 원치 않는 것이다.

228. 자신이 회심하고 거듭났다고 너무 빨리 속단하면 안 된다. 왜냐하면 그런 경우에 그들은 하나님의 영의 일반적인 역사의 결과로서 참된 은혜의 상태와 비슷한 것을 가지고 자신을 속이기 때문이다. 그러므로 당신은 몇몇 회심하지 않은 사람들이 회심하지 않은 상태에서 달성한 것들을 그들에게 보여주고 주의를 환기시키며, 회심하지 않은 사람, 사악한 사람이 선을 행하면서도 여전히 잃어버린 상태에 있을 수 있다는 사실을 알려주어야 한다.

229. 그러므로 거듭난 사람이 다른 모든 사람보다 잘하는 특별한 일들이 무엇인지 그들에게 보여주고, 그것을 실천하도록 권면하라. 여러 증거 중에서도 그런 행위를 보고 그들이 거듭났음을

알 수 있다.

230. 비록 아직 회심하지 않았더라도 가시적인 교회의 회원이 되는 것이 얼마나 큰 축복이며 특권인지, 그런 사람들이 어떠한 혜택을 누리는지 보여주라. 또한 그들이 회심하지 않고 그들에게 주시는 하나님의 은혜를 받아들이지 않으면 잃어버린 자일 뿐 아니라, 결과적으로 이교도들, 터키족들, 소돔과 고모라 사람들에게 임한 것보다 더 큰 저주가 그들의 머리 위에 내릴 수 있다는 것을 알려주어야 한다.

231. 자녀들에게 회심하고 거듭난 사람들이 이생에서 누리는 영광스러운 특권을 보여주어야 한다. 그들에게 이러한 축복들을 인식시키고, 하나하나 설명해주며, 이 각각의 은혜가 얼마나 복된 것인지 보여주라.

232. 특히 칭의와 죄 사함의 축복과 은혜가 얼마나 영광스럽고 꼭 필요한 것인지 보여주고, 칭의와 죄사함을 받기 위한 도구인 믿음이 어떤 역할을 하는지 잘 설명해주라. 그래야만 그것들에 대해 오해가 없을 것이다. 그 다음엔 어떤 증표를 보고 어떤 사람이 죄사함을 받았다고 결론지을 수 있는지 알려주는 것이 중요하다.

233. 신자들의 위대한 특권, 즉 하나님의 자녀가 되는 것에 대해 이야기해주어야 한다. 전에는 진노와 지옥의 자녀였고, 다른 아이들은 지금도 마귀의 자녀인데 반하여, 하나님의 자녀가 되는 것이 얼마나 영광스러운 일인지 보여주라. 또한 무엇을 근거로 자신이 하나님의 자녀이며 하나님이 자신의 아버지이심을 알 수 있는지 이야

기를 나누어보라.

234. 성화가 얼마나 큰 특권인지 보여주라. 그로 인해 하나님은 그의 모든 은혜를 영혼 속에 부어주실 뿐 아니라, 그 은혜가 점점 더 자라게 하신다. 그러나 가장 훌륭한 그리스도인들의 삶 속에서도 성화는 매우 불완전하다는 것을 또한 알려주라. 그들도 여전히 육신과 죄의 몸을 처리해야 하기 때문이다. 그 결과, 그들은 많은 갈등과 싸움을 경험하며, 그들의 가장 훌륭한 행위도 여전히 결함이 있고, 여전히 많은 죄에 빠진다. 완전함에 이르려고 애쓰는 것이 그들의 의무이다.

235. 회심한 사람들은 성령의 위로와 평화와 기쁨을 함께 누릴 것이며, 그들을 향한 하나님의 사랑과 구원과 은혜의 상태를 확신한다는 것을 이야기해주어야 한다. 그들은 비록 언제나 그런 확신을 갖고 있지는 않고 종종 유혹과 영적인 방종과 죄 때문에 확신을 잃을지라도, 천국의 영광에 이를 것이라는, 근거가 충분한 소망을 가지고 있다. 그러므로 그들에게 어떤 표징이 구원받았다는 가장 좋은 근거인지 보여주라.

236. 참된 신자들의 위대한 특권, 즉 견인의 은혜에 대해 이야기하라. 그로 인해 그들은 은혜의 상태에 굳게 머물 수 있다. 그렇기 때문에, 일단 사람들이 은혜의 상태에 있으면, 영원히 그 안에 머물게 된다. 이와 관련하여 성도의 견인이 무엇에 근거한 것인지 알려주고, 이 진리를 남용해서는 안 된다는 것을 알려주고, 참된 신자는 이 진리를 남용하지 않을 것임을 알려주라.

# 참된 믿음으로 살기 위한 규칙

**▶삶과 행위에 대한 믿음의 중요성 깨우쳐주기**

어떻게 믿음으로 살아야 하고 어떻게 모든 일에 그리스도가 필요한
지 가르쳐주어, 우리의 모든 삶과 행위에 믿음이 반드시 필요하다는
것을 이해시켜야 한다. 그들은 모든 상황에서 주 예수님께 나아가 그
로부터 능력과 힘을 얻어야 한다는 것을 분명히 말해주라.

**▶하나님의 은혜와 자비 알게 하기**

오직 그리스도를 통해서만 은혜를 받을 수 있다고 분명히 말해주어
야 한다. 더 나아가 아무리 악한 죄인이라도 회심하여 그리스도를 믿
으면, 은혜를 받고, 구원받을 수 있는 희망이 있다는 분명하고 풍성한
증거들을 제시해주라.

**▶거듭남과 회심을 갈망하게 하기**

자녀들이 거듭남과 회심을 갈망하게 만들려면, 한 사람이 거듭나고
회심하지 않으면 할 수 없는 일들을 보여주어야 한다. 이것을 가볍게
지나치지 말아야 한다. 왜냐하면 거듭나지 않고 회심하지 않는 한 자
신이 전적으로 무능력하다는 것을 깨닫는 것이 매우 중요하기 때문
이다.

# 9장
# 경건을 가르치기 위한 그 밖의 규칙

이 장은 자녀와 직접적으로 친밀한 대화를 나누면서
자녀들 내면에 경건을 심어 주고 경건으로
인도하기 위한 몇 가지 부가적인 규칙들을 담고 있다.

237. 자녀에게 세례에 대해 자주 진지하게 이야기해야 한다. 그 세례를 통해 그들은 유아기에 엄숙하게 교회의 일원이 되었다. 첫째, 일반적인 성례전의 특성을 설명해주어 그것을 잘 이해하게 하고, 그 다음에 세례라는 성례전이 무엇을 의미하는지에 대해 좀 더 명백하게 설명해주는 것이 좋다. 즉, 하나님 편에서 세례받는 사람에게 무엇이 보증되고 약속되는지, 또 한편으로 세례받는 사람 편에서 무엇이 보증되고 약속되는지 이야기해줄 필요가 있다. 그래야만 그들이 언약의 보증을 귀히 여길 것이다.

238. 죄의 유혹들이 몰아치는 가운데, 자녀들이 언제, 어떻게 자신의 세례를 그들에게 유익하게 적용해야 하는지, 그것을 어떻게 중히 여기고 그것에 대해 어떻게 믿음을 발휘해야 하는지 알려주어야 한다. 특히 어린아이에게 세례 주는 것을 목격할 때 알려주면 도

움이 된다. 이것은 많은 사람들에게 잊힌 관습이며, 따라서 특별히 주의를 기울여야 한다.

239. 하나님을 직접 경험하고 하나님과 언약을 맺지 않으면, 외적인 세례 의식이 세례받는 사람에게 아무런 위로를 주지 못한다. 그러므로 그들이 분별할 수 있는 연령이 되자마자 스스로 조용하고 엄숙하게 하나님과 언약을 맺어야 한다는 것을 자녀들에게 인식시켜주어야 한다. 그때까지 그들은 유아 때 받은 세례의 보증에 의존하고 있는 것이다. 그들이 어떻게 이 언약을 맺어야 하는지 알려주라. 즉 믿음으로 그리스도를 붙들고 그들에게 주어진 모든 약속들을 받아들이고 자기가 가진 모든 것들과 함께 자신을 영원히 하나님께 내어드려야 한다고 설명해주라.

240. 하나님의 율법은 영적이며, 사람들을 외적으로만이 아니라 내적으로도 규율하며, 따라서 그들의 행위와 말뿐 아니라 생각과 열정과 욕구에도 관여한다는 사실을 올바로 이해시켜야 한다. 그러므로 그들은 악한 생각, 공상, 본능, 열정을 악한 행동과 말과 함께 경계해야 한다. 또한 그들이 양심적으로 자신의 생각을 살피도록 강권해야 한다. 하나님께서 그들을 판단하실 것이기 때문이다.

241. 십계명의 각 계명에서 하나님이 그들에게 하라고 명령하시는 일과 하지 말라고 하시는 일에 대해 솔직하게 이야기를 나누는 시간을 가지라.

242. 그들이 어떻게 하나님을 섬기고 영화롭게 해야 하는지 이해하고 실천하도록 특별히 애써야 한다. 그들의 지력, 의지, 갈망, 말,

모든 삶이 하나님을 향해 있어야만 주님이 영광을 받으신다는 사실을 이해시키는 것이 중요하다. 바로 이것이 경건의 핵심이며 경건의 요약이기에 자녀들에게 하나님을 향한 삶의 실천을 철저히 인식시키고, 하나님을 영화롭게 하기 위한 모든 행동에 대해 특별히 진지하고 열성적으로 이야기해야 한다.

243. 자기 부인의 미덕은 그리스도께서 그의 제자가 되기 원하는 사람에게 특별히 요구하신 것이다. 이것이 두 돌판에 새겨진 율법을 지키는 데 큰 영향을 미치기 때문이다. 그러므로 자녀들에게 어떻게, 어떤 점에서, 왜 그들이 자신을 부인하고 자신을 내세우지 말아야 하는지 명백하고 설득력 있게 이야기해주어야 한다.

244. 신약성경에서 하나님이 규정하신 은혜의 수단으로서 그 백성들이 지키기 원하시는 제도와 의식을 알려주어야 한다. 즉, 기도와 감사, 하나님의 말씀을 읽고 듣고 전하는 것, 찬송 부르기, 신령한 것들에 대해 서로 이야기를 나누고 묵상하기 등이다. 이 거룩한 의식들을 어떻게, 왜 지켜야 하는지, 얼마나 경건하고 겸손하게, 영적이고 뜨겁게, 사랑과 믿음과 내적인 기쁨 가운데 행해야 하는지 자녀들의 마음에 깊이 심어주어야 한다. 왜냐하면 위선자들처럼 외적 형식에 치중하면 안 되기 때문이다.

245. 올바른 것에 대해 함께 이야기하는 것으로 충분하지 않으며 조용히 묵상도 해야 한다. 이것은 모든 그리스도인의 의무이다. 따라서 당신은 자녀들에게 하나님의 역사와 말씀에 대해, 하나님에 관한 일들과 영혼에 대해 영적인 묵상을 반드시 해야 한다고 강조

해야 한다. 그들이 자주 사용할 수 있는 중요하고 일반적인 묵상 주제들을 반복해서 일러주는 것도 좋은 방법이다.

246. 그리스도인들은 금식하며 기도하는 날을 지켜야 한다는 것을 가르쳐주어야 한다. 또한 그들이 이날을 어떻게 준비하고, 어떻게 행해야 하는지, 그날이 끝났을 때 무엇을 해야 하는지 가르쳐주어야 한다. 그와 같은 날을 지켜야 할 때면 반드시 이 주제로 그들과 이야기를 나누라. 그러고 나서 당신이 가르치고 본을 보인 대로 그들이 실천하게 하라. 추수감사절에 대해서도 적절한 때에 이와 같이 이야기해주는 것이 좋다.

247. 사람들이 어떻게 찬송으로 하나님을 기쁘시게 해야 하는지 함께 이야기하라. 그들의 목소리를 사용할 뿐 아니라 그들이 부르는 찬송에 집중해야 하며, 찬송하면서 마음을 하나님께 올려드리고, 주 안에서 기뻐해야 함을 분명히 하라. 그렇지 않으면 찬송은 하나님이 들으시기에 동물들의 울부짖음과 다를 바 없을 것이다. 찬양하기 전, 찬양하는 동안, 그리고 찬양한 후에 어떻게 행동해야 하는지 말해주고 이 주제에 대해 더 깊이 대화를 나누기를 바란다. 왜냐하면 입술로만 하나님을 찬양하는 잘못에 빠지는 일이 드물지 않기 때문이다.

248. 네 번째 계명인 안식일을 거룩히 지키는 것의 신적인 성질과 의무적 성격을 자녀들 안에 심어주어, 영원히 지속되는 하나님의 율법에 속한 다른 계명들과 마찬가지로 네 번째 계명이 우리에게 주어진 의무라는 것을 이해하고 믿도록 해야 한다. 그와 정반대

로 주장하는 오류에 빠지지 않도록 그들을 보호하는 것도 잊지 말아야 한다.

우리가 왜 유대인들처럼 토요일을 지키지 않고 한 주일의 첫날을 주의 날로 지키는지 설명해주라. 우리는 과거에 유대인들이 그들의 안식일을 지켰던 것처럼 양심적으로 우리의 안식일을 지켜야 한다는 것을 분명히 말해둘 필요가 있다. 안식일을 위반하는 죄가 얼마나 혐오스러운 것인지 이야기하고, 당신이 좋은 본을 보여 그들을 인도해야 한다.

249. 주일을 지키는 것은 그리스도인의 경건생활의 중요한 부분이다. 실로, 모든 신앙적 의무와 경건의 집약이라 할 수 있다. 그러므로 매우 진지하게 다음 내용을 자녀들에게 제시해야 한다.

- 누가 주의 날을 지켜야 하는지.
- 또 누가 다른 사람들에게 주의 날을 지키라고 권해야 하는지.
- 그날 삼가야 할 모든 것들.
- 그날 수행해야 할 신성한 종교적 의무.
- 그리스도인이 주일이 오기 전에 자신을 어떻게 준비해야 하는지.
- 주일 아침에 어떻게 행동해야 하며, 공적인 예배에 참석하기 전에 스스로 어떻게 준비해야 하는지.
- 오전 예배가 끝나고 집에 돌아왔을 때 무엇을 해야 하는지.
- 예배를 드린 후 저녁에 가족과 함께 있을 때와 혼자 있을 때 어떻게 행동해야 하는지.

- 하나님이 네 번째 계명에서 금하시는 죄들이 무엇인지.
- 주의 날을 거룩하게 구별하여 지키고, 어떤 일이나 말이나 생각들로 이날을 더럽히지 않는 동기가 무엇인지.

250. 자녀들에게 인간이 정한 축일을 지키거나 인정하지 말도록 가르쳐야 한다. 그보다 주일에 만족하게 하라. 하나님은 다른 특별한 날들을 정하지 않으셨다. 이 원칙을 지키지 않고 크리스마스, 부활절, 오순절, 새해 첫날, 승천일 등을 축일로 지키며 일을 하지 않는 사람들은 미신에 빠진 자들이며, 하나님을 공경하지 않는 자들이다.

251. 주의 성찬예식이 무엇을 의미하며, 그것이 왜 제정되었는지 분명히 설명해주어야 한다. 자녀들이 어릴 때부터 성찬식을 지켜보게 하여, 그 의미를 조금씩 깨달으며, 무슨 일이 일어나는지 보고 그것에 대해 거룩한 생각을 품을 수 있게 하는 것이 중요하다.

252. 자녀들을 성급하게 성찬에 참여시키는 것은 좋지 않다. 즉, 그들이 진리에 대한 충분한 지식을 갖고, 필수적인 은혜의 증거들을 드러내고 자신을 살필 수 있기 전에, 성찬에 참여시켜선 안 된다. 그들이 주의 성찬에 합당하게 참여하려면 어떤 준비가 필요한지 어렸을 때부터 깨닫게 해야 한다. 더욱이 이것은 그들이 잘못된 동기로 성급하게 성찬에 참여하지 않게 하기 위함이다. 성찬예식은 미리 준비가 필요한 행사이다. 그 행사를 위해 어떻게 기도와 묵상과 은혜의 감동으로 준비해야 하는지 보여주어야 한다.

253. 주의 성찬에 합당하게 참여한다는 것이 무엇인지 알려주어야 한다. 또한 주의 성찬에 합당하지 못하게 참여하는 자들은 어떤 사람들이며, 이것이 얼마나 큰 죄인지, 그런 사람들은 얼마나 큰 모험을 하는 것인지도 함께 이야기해줄 필요가 있다. 그들의 그런 행위는 하나님을 격노하게 하기 때문이다.

254. 주의 성찬에 참여하지 말아야 할 사람들에 대해 설명해주고, 교회의 지도자들에게 그들의 참여를 막을 권한이 있다는 것을 말해주라. 교회 지도자들에겐 이 사람들이 자신의 삶을 수정하지 않을 경우, 여러 차례 훈계를 한 후에야 비로소 그들을 교회의 교제권 밖으로 쫓아낼 수 있는 권한이 있다. 한편 예수님과 그의 은혜를 갈망하고 진심으로 하나님과 언약을 맺으려 하는 연약하고 흔들리는 영혼들은 주의 성찬식에 참여하지 못하게 막아서는 안 되며, 오히려 그들이 성찬식에 참여하여 더 많은 빛과 능력, 위로와 확신을 얻게 해야 한다.

255. 자녀들과 함께 그들의 마음과 삶에서 매일 밤 자신을 살펴야 하는 것들에 대해 긴밀한 대화를 나누어야 한다. 그들이 매일 자백해야 하는 죄들이 무엇이며, 매일 어떤 은혜와 도움과 축복에 대해 감사해야 하는지 알기 위해 무엇을 자신에게 질문해보아야 하는지 알려주라. 이렇게 매일 자기를 살피는 일을 아주 심각하게 강조해야 한다. 특히 주의 성찬을 준비할 때, 그리스도인들이 점검하고 살펴야 할 사항에 대해 이야기해주는 것이 부모가 할 중요한 일이다.

256. 합당한 성찬 참여자라면 예수님의 식탁에 앉았을 때 어떻게

행동해야 하며, 주의 식탁에서 물러났을 때 어떤 거룩한 일들을 행해야 하는지 분명히 보여주라. 비록 그들이 아직 성찬식에 참여하지 않을지라도 이러한 지식은 유익하며, 그들이 성찬식에 참여하게 될 때 도움이 된다.

257. 매일 아침부터 저녁까지 어떻게 거룩하게 생활해야 하는지 자주 상기시켜주어야 한다. 그들이 거룩한 생활에 대한 확고한 지식을 갖고 명확하게 이해하며 그것을 설명할 수 있을 때까지 계속 이렇게 할 필요가 있다. 하루를 어떻게 시작해야 하는지, 하루 동안 어떻게 하나님과 동행해야 하는지, 하루하루를 어떻게 마쳐야 하는지 납득하기 쉽게 이야기해주어야 한다.

258. 그리스도인 됨의 중요한 요소가 깨어 경계하는 것이므로, 매일 무엇을 어떻게 주의해야 하는지 분명히 이야기해주어야 한다. 즉, 그들의 은밀한 생각과 열망, 열정에 대해, 그들의 혀와 행동에 대해, 그들이 경계해야 하는 죄와 유혹에 대해 어떻게 주의해야 하는지 분명히 이야기해주어야 한다.

259. 불경건한 아이들이 일찍부터 경건한 삶을 살지 않으려고 내세우는 관습적인 논리에 반박하라. 자녀가 그런 논리를 받아들여 남들 앞에서 그것을 드러내기 전에, 초기 단계에 그런 논리들에 저항할 수 있도록 무장시킬 필요가 있다. 그런 논리들은 다음과 같은 것을 포함한다.

1. 어려서부터 경건하게 살면 생의 가장 중요한 시기에 즐거움을

누리지 못할 것이다.

2. 어릴 때는 즐겁게 놀아야 한다.

3. 대부분의 아이들이 그렇게 하고 있으며, 우리 이전에 다른 이들
   도 그렇게 했다.

4. 어쨌든 이 점에 대해 많은 노력을 하지 않아도 어릴 때 구원받을
   수 있다.

5. 우리는 아직 어려서 그렇게 경건하게 살 수 없다.

6. 나중에 회개하고 경건한 삶을 살면 된다.

7. 만일 우리가 그렇게 엄격하게 살기 원하여 다른 친구들을 멀리하
   고, 그들과 어울리지 않으며, 농담을 즐기지 않거나, 다른 아이들
   처럼 화장하고 옷을 입지 않으면, 놀림과 비웃음을 당할 것이다.

8. 하나님은 매우 자비로우신 분이다.

9. 십자가에 달린 강도처럼 우리가 뒤늦게 회개해도 하나님은 우리
   를 받아주실 것이다.

10. 죄를 피하려 하고, 죄에 대해 한탄하고, 이런 식으로 죄를 두려
    워한다면, 항상 슬픔 가운데 살아야 할 것이다.

11. 대부분의 사람들이 경건하지 않으므로 우리만 경건하게 살면
    너무 눈에 띄지 않겠는가?

12. 친구들 사이에서 인기가 없어질 것이고, 그러면 우리에게 손해
    가 될 것이다.

13. 우리가 변하면, 이 세상과 친구가 될 수 없을 것이다.

14. 많은 사람들이 지옥으로 갈 것이다. 우리는 그들보다는 나쁘지

않다.

15. 경건해 보이는 사람들은 위선자일 경우가 많다. 개인적으로 보면 그들도 우리만큼 나쁘다.

16. 많은 부모들이 자녀들에게 그렇게 경건한 삶을 강조하지 않는다. 그런데 그들 또한 분별력 있고 타인의 귀감이 되는 사람들이다.


260. 때때로 그들에게 경건에 대한 매우 설득력 있는 책을 읽어주고, 그것에 대해 이야기하는 것이 바람직하다. 또한 그들에게 가장 적합한 책들을 권해주라. 예를 들면, 빌럼 떼일링크의 「경건 시간의 열쇠Key of Devotion」와 「북쪽 별North Star」, 에워트 떼일링크의 「불기둥과 구름기둥The Pillar of Fire and the Pillar of Cloud」, 헨리 스쿠더의 「거룩한 안전과 평화 속에서 살아가는 그리스도인의 일상The Christian's Daily Walk in Holy Security and Peace」등이 있다. 이런 책들을 반드시 읽게 하고, 책 읽을 시간을 정해주며, 성경도 매일 읽도록 해야 한다. 그들이 혼자 읽었으면 무엇을 읽었는지 물어보고, 기억나는 내용이 무엇인지, 그 내용을 이해했는지 물어보아 확인하는 과정도 필요하다.

261. 본이 되는 경건한 사람들의 삶과 죽음의 이야기를 다룬 책들, 이를테면 「순교자들의 책Book of Martyrs」 같은 것과 회심한 사람들의 이야기, 회심이 이루어지는 방법, 회심의 증거 등을 이야기하는 책들을 읽게 하라. 특히 「어릴 때 회심하고 죽은 어린 아이들

의 스무 가지 실례들Twenty Examples of young children who were converted and died very young」을 부모가 읽고 자녀에게도 읽게 하라. 그들과 함께 책에 나오는 아이들에 대해 이야기하고, 이 아이들 속에서 특별한 것을 보았는지 말해보게 하라. 필요할 때마다 이 예들을 인용하면 좋다. 또한 새뮤얼 러더포드(Samuel Rutherford)의 「편지Letters」라는 책 서문에 나오는 그의 거룩한 삶과 복된 죽음의 이야기, 휴 비닝(Hugh Binning)의 「기독교 신앙의 일반적인 원리Common Principles of the Christian Religion」(4th ed., London, 1858)의 서문에 기록된 저자의 이야기도 매우 유익할 것이다.

262. 경건한 친구들과 좋은 교제를 갖도록 권하고, 자녀들이 악한 것을 배우지 않고 좋은 영향을 받을 수 있는 친구들을 찾아주어야 한다. 그들보다 나이가 많고 더 많은 일들을 해낼 수 있는 몇몇 착한 아이들과 어울리게 하면 좋다. 그들이 함께 무슨 이야기를 하고 무엇을 했는지 물어보고, 서로에게 더 큰 도움이 될 수 있다는 것을 보여주어야 한다.

263. 때때로 그들이 잘못한 것이나 게을리한 것을 말해주고 이를 고치겠다는 약속을 받아내라. 다만 다음 사항을 명심해야 한다.

1. 너무 자주 그리해서는 안 된다. 그러면 그것이 관행처럼 되어서 그것을 중요하게 여기지 않게 될 것이다. 즉 너무 익숙한 일이 되어 버릴 것이다. 따라서 특별한 경우에만 그리해야 한다.
2. 물론 때로는 지켜보는 사람들이 있을 수도 있으나, 가능하면 다

른 사람들 앞에서 이 일을 하지 말고 특별히 사적인 자리에서 해야 한다.

3. 약속을 이행하며, 계획을 실천하는 능력을 얻는 길도 반드시 함께 가르쳐주어야 한다. 그들은 믿음으로 기도하며 구한 그리스도와 성령의 능력과 도움으로 이것들을 해야 한다.

4. 그들의 약속과 계획은 특히 신앙적인 의무의 수행과 관련된 것이어야 한다. 예를 들면 기도, 설교 읽기, 설교 듣기, 유혹에 빠지지 않기 등이 있다.

264. 특히 아이들이 8세나 10세, 12세 이상 되었다면, 때때로 아이들을 한 명씩 따로 불러 이야기하는 것이 좋다. 그들이 정말 하나님을 사랑하고, 다른 모든 피조물보다 그를 더 사랑하는지, 경건한 사람들을 사랑하는지, 이 세상보다 천국을 더 사모하는지, 육적인 생활보다 거룩한 삶을 더 중요시하는지 매우 진지하면서도 친근하게 물어볼 필요가 있다. 또한 그들이 회심했고, 새롭게 되었고, 거듭났다고 스스로 말할 수 있는지, 그들의 마음과 관심과 행동이 무엇에 초점을 두고 있는지, 자신의 죄에 대해 한탄하는지, 실제로 그들의 보이지 않는 죄들을 미워하고 대적하는지 물어보아야 한다. 그들이 기도생활은 잘하고 있는지, 성경을 읽고 하나님의 말씀을 듣는 가운데 무엇을 경험하는지, 좋은 책들을 읽고 들으면서 어떤 즐거움을 느끼는지 등도 물어보라.

265. 때때로 내가 이미 언급한 질문들 외에 다른 예리한 질문들

에 대답하게 하는 것도 유익할 수 있다. 그 질문들은 자신의 내면을 들여다보게 하고, 자신의 행동에 대해 판단을 내리게 하며, 동시에 잘못을 시정하게 할 것이다. 예를 들면, 다음과 같은 질문들이다.

- 얘야, 너는 머지않아 죽게 될 거라는 사실을 알고 있니?
- 어린 나이에 죽은 많은 아이들처럼, 너는 오늘 밤이나 이번 주, 또는 이 달에 죽어도 평안하게 죽음을 맞이할 수 있겠니?
- 네가 죽자마자 너의 영혼은 불행한 삶이든 즐거운 삶이든 영원한 삶 속으로 들어간다는 것을 믿니?
- 너는 구원받을 수도 있고 멸망할 수도 있는 영원한 영혼을 가지고 있지 않니?
- 네가 지옥이나 천국에서 보내야 하는 영원한 삶을 어떻게 그렇게 오랫동안 잊고 지낼 수 있니?
- 거듭나지 않고 회심하지 않은 채로 어떻게 그렇게 평안하게 잠잘 수 있니?
- 네가 회심하기 전에 죽었다고 상상해보렴. 너는 지금 어떻게 되었겠고, 어디에 있겠니?
- 네가 오늘 죽는다면 너의 영혼이 어디로 갈 거라 생각하니? 어느 것이 더 우리의 시간과 관심과 노력을 들일 가치가 있을까? 우리의 썩어 없어질 육신일까, 고귀한 영혼일까? 이 땅일까, 천국일까? 세상일까, 하나님일까?
- 어느 곳에 대해 가장 많이 생각해야 할까? 우리가 지금 있는 곳

과 아주 잠깐 있을 곳일까, 아니면 영원히 거할 곳일까?

- 이 땅에서 불경하게 산 것을 기쁘게 생각하는 사람이 지옥에 한 사람이라도 있을 거라 생각하니?
- 지옥에 있는 저주받은 사람이 무엇이든 할 수 있다면 무엇을 하기 원할 거라 생각하니?
- 영원한 것들보다 일시적인 것들을 더 열심히, 계속해서 추구하는 사람들이 정말 현명한 사람들이라고 생각하니?
- 네가 죽을 때, 세상의 소유물과 지위 또는 세속적인 오락과 쾌락이 너의 영혼을 새롭게 해줄까?
- 가난한 사람, 지위가 낮은 사람은 부유하고 세력 있는 사람들만큼 또는 그보다 더 복된 구원에 이를 수 없을까?
- 사람이 영원세계에 대해 염려하는 것이 지나칠 수 있을까?
- 천국에서 사람들은 무엇을 하고 무슨 생각을 할까?
- 지옥에서 사람들은 무엇을 하고 무슨 생각을 할까?
- 지옥에 있는 저주받은 사람들은 자신의 육신이 즐기던 공허한 웃음과 젊음의 쾌활함을 오래전에 잊어버리지 않았을까?
- 저주받은 사람들은 이 세상에서 멋진 옷을 입고 맛있는 음식을 먹고 좋은 포도주를 마신 사실에 대해 행복해하고 있을까?
- 죽음을 맞이하며 자신이 너무 엄격하고 경건한 삶을 살았다고 불평할 사람이 있을 거라 생각하니?
- 지옥에 있는 저주받은 사람들은 마지막에 영원한 고통 속으로 들어가지 않으려고 이 땅에서 열심히 노력하는 사람들을 어리석

다 생각할까?

• 누구의 판단과 말을 더 신뢰할 수 있을까? 세속적이고 육적이며 불경한 사람들일까, 아니면 영적이고 하나님을 잘 아는 사람들 일까? 또 누가 더 본받을 만한 가치가 있을까?

• 심판 날, 모든 사람들은 무익한 한숨을 내쉬며 거룩한 삶을 살았 더라면 얼마나 좋았을까 하고 크게 후회하지 않겠니? 또는 불경 건한 사람들이 그때에도 거룩한 사람들의 경건한 삶을 비웃을 까?

• 짧은 인생은 말할 것도 없고 긴 인생도 영원을 위해 자신을 준비 하기에 짧지 않겠니?

• 너는 죽을 때 불경한 사람이기보다 경건한 사람이기를 원하니? 세상에서 가장 유력하고 부유하지만 불경한 사람이기보다, 세상 에서 멸시당하고 학대받는 가장 경건한 사람 중 한 사람이길 원 하니?

• 한 천사나 성도가 하늘에서 내려와 불경한 자나 경건한 자에 대 한 판결을 내린다고 상상해보렴. 그가 방탕한 육신적인 삶을 인 정해줄 거라 생각하니? 네 생각에는 그가 어떤 판결을 내리겠 니?

• 모든 사람들이 자신이 경건하게 살아 왔기를 바라지 않겠니?

• 너는 죽어서 위대한 심판대 앞에 설 준비가 되어 있니?

• 영원한 천국의 복과 즐거움을 바라볼 때, 경건한 삶을 위해 가장 큰 고난과 희생을 감수할 가치가 있지 않겠니? 천국에 있는 영혼

중 이렇게 생각하지 않는 영혼이 하나라도 있을까?

• 치욕과 핍박이 따르는 거룩한 삶을 견디기가 이토록 힘들다면, 지옥의 영원한 고통은 가볍고 참을 만할까?

• 천국에 있는 사람 중 그곳에 가기 위해 많은 고난을 당한 것을 후회하는 사람이 있을 거라 생각하니?

• 경건한 삶을 살고 평화롭게 죽는 데에 정말 많은 것들이 필요할까? 거대한 궁전과 마찬가지로 평범한 집이나 작은 오두막에서도 똑같이 가능하지 않을까?

• 너는 유아 때 받은 세례를 충실히 지키고 있니? 여전히 하나님과의 그 언약을 지키기 원하니, 아니면 그 언약을 파기하기 원하니?

• 너는 어떤 사람을 더 좋아하니? 거룩하신 그리스도를 가장 많이 닮은 사람들이니, 아니면 거룩하지 않은 사탄을 가장 많이 닮은 사람들이니?

• 마지막 때가 오고 하나님께 결산 보고를 해야 할 때, 너는 오만과 허영, 육적인 쾌락 속에서 인생을 보내지 않고, 거룩함과 순종과 내세를 부지런히 준비하며 보냈기를 바라지 않을까?

• 사람이 지나치게 거룩하고 지나치게 경건한 삶을 살고, 하나님을 지나치게 두려워하며 섬기는 것이 가능할까?

• 너는 무엇을 위해 창조되었고, 왜 아직 죽지 않고 살아 있을까? 무엇을 위해 아직 이 세상에 있으며, 세상의 모든 유익을 누리고 있는 걸까? 그것은 하나님을 섬기기 위함이 아닐까? 너는 진심으로 그 일을 하고 있니?

- 너는 잠시 죄 가운데 즐겁게 살면서 웃고 이 세상이 주는 상을 받고 나서, 지옥에서 영원히 울기를 원하니?
- 특히 여러 해 동안 게으르게 지내며 아무 선한 일도 하지 않았다면, 갑자기 서둘러 천국으로 향하거나 영원한 안식을 향해 하나님의 길로 빨리 달려갈 수 있을까?

266. 당신은 자녀들과 대화하는 가운데, 질문 후에 알게 된 그들의 상태에 민감하게 초점을 맞추어야 한다. 이것은 곧 다음과 같은 것을 의미한다. 그들이 회심하지 않았고 거듭나지 않았다는 것을 알게 되었을 때, 그들의 죄와 비참한 상태를 깨닫고 겸손한 태도를 가지도록 도와주라. 그리스도 안에 있는 치유로 이끌고, 그와의 교제 안으로 들어가려면 무엇을 해야 하는지 분명히 알려주라. 반면에 그들 안에서 어떤 은혜의 흔적이나 거듭남의 증거를 발견하면, 그들을 격려해주고 기운을 돋워줄 필요가 있다. 그들이 낙심해 있는 것을 보면 위로해주고 그들의 풀죽은 영혼을 일으키고 격려해주라. 하지만 그들이 자기 멋대로 선이 아닌 악을 행하고 있다면, 하나님의 진노에 대해 말해주고 그들의 의무를 다하도록 독려하는 것이 부모가 할 일이다.

267. 당신 자신이 아프든 자녀들이 아프든, 그 아픈 시간을 잘 이용하라. 아픈 사람이 자녀들이고, 전에 그들 안에서 은혜를 발견하지 못했다면, 매우 진지하고 부드럽게, 그리고 친근하게 그들과 이야기를 나누는 것이 바람직하다. 그들 안에 선한 것이 있다면 지금

나타날 것이고 또 나타나야 한다. 이 징계가 하나님으로부터 온 것이고 그들은 지금 그리스도의 심판에 대비해야 하며 머지않아 그 앞에 서게 될 거라는 사실을 잘 설명해주라. 그들이 어떻게 자신을 시험해보아야 하며, 어떤 기준을 가지고 무엇에 대해 자신을 살펴야 하는지 말해주고, 특히 그들의 회심과 믿음, 성화에 대해 말해주어야 한다. 그들이 지금 아픈 중에 어떤 교훈을 배워야 하는지, 그들이 처한 이 무서운 시련을 어떻게 보아야 하는지, 그리스도의 능력 안에서 무엇을 실천해야 하는지 등도 자세히 이야기해주면 도움이 된다.

혹 당신이 아프다면, 자녀들을 침대 곁으로 불러놓고, 어쩌면 당신이 지금 죽을지도 모르고 당신의 죽음이 그들에게 얼마나 무서운 일이 될지 이야기해주라. 그들이 당신의 훈계와 꾸짖음을 얼마나 안 들었으며, 아직 회심하지 않은 그들을 두고 떠나야 할지도 모른다는 사실과 심판 날 회심하지 않은 그들을 만날지도 모른다는 사실 때문에 당신의 마음이 얼마나 아픈지 말해주는 것이 필요할 수도 있다. 그들이 다른 길로 돌이키기를 당신이 얼마나 간절히 바라고 소망하는지, 그들이 하나님을 두려워하고 자신의 죄를 한탄하며 진심으로 기도하고 그 죄들과 싸우는 것을 본다면 당신이 얼마나 기쁠지 얘기하라. 이를 통해 그들에게 회심의 필요성을 강하게 심어주라. 더 나아가, 그들이 오래도록 기억할 수 있는 몇 가지 교훈을 들려주는 것도 괜찮다. 마치 죽음과 영원세계가 목전에서 당신을 빤히 쳐다보고 있고, 당신은 하나님께 갈 준비를 하고 있는 것처럼 진지하게 말하라. 자녀들이 아직 어릴 때 부모가 죽는 경우가 많고, 그래서 자녀들이 부모의 마지막 말을 기억하지 못하는 경우가 많다. 그러므로 그들을 향한 유익한 충고를 글로 남겨서 나중에 자주 읽어볼 수 있게 할 것을 권한다. 여러 경건한 사람들이 그렇게 했다. 윌리엄 거스리의 「참된 구원의 확신」에 나오는 로버트 해리스의 삶과 죽음의 이야기 속에서 한 예를 발견할 수 있을 것이다.

268. 자녀들의 마음속에 진리를 아는 지식과 경건의 실천을 깊이 심어주기 위해, 경건하고 학구열이 있으며 행동이 흠잡을 데 없는 하녀들을 택해야 한다. 그들을 잘 지켜보고, 당신의 자녀들과 함께 가르치고 교리문답을 교육하며, 그들과 함께, 또 그들을 위해 기도하고, 예배에 함께 데리고 가서 주일을 지키도록 해야 한다. 그들이 혼자 있을 때 자신을 위해 기도하고 하나님의 말씀을 읽으며 양심적으로 행동하도록 권하라. 모든 면에서 당신이 본을 보임으로써 그들이 당신과 하나님 앞에서 자신의 의무를 다하도록 자극을 받게 하라. 그렇게 하면, 하녀들이 하나님을 위해 자녀들을 기르는 데 중요한 조력자가 될 수 있다. 반면에 불경하고 무지하고 세속적인 생각을 가진 하녀들은 그릇된 말이나 행동으로 당신의 자녀들에게 큰 해를 끼칠 것이다.

269. 집 안에서나 밖에서나, 모든 말과 행동에서 본을 보여야 한다. 그래야만 자녀들이 당신의 본을 보고 흠잡을 데 없는 거룩한 말과 행동을 배울 수 있다. 당신도 그들이 그것을 배우고 실천하기를 바랄 것이다. 명령하는 것보다 모범을 보이는 것이 교육적 효과가

크다. 그러므로 당신이 그들 안에서 보기 원하는 것들을 직접 본으로 보여주라. 모든 면에서 당신의 삶으로 경건의 능력을 나타내야 한다. 다윗은 이렇게 말했다. "내가 완전한 마음으로 내 집안에서 행하리이다 나는 비천한 것을 내 눈 앞에 두지 아니할 것이요 배교자들의 행위를 내가 미워하오리니 나는 그 어느 것도 붙들지 아니하리이다…완전한 길에 행하는 자가 나를 따르리로다 거짓을 행하는 자는 내 집 안에 거주하지 못하며 거짓말하는 자는 내 목전에 서지 못하리로다"(시 101:2-3; 6-7).

270. 자녀들이 매우 어릴 때 당신을 떠나지 않게 해야 한다. 그들을 거룩하게 키우기 위한 당신의 모든 노력이 순식간에 수포로 돌아갈 수 있다. 그들은 다른 나라나 지방으로 가기 전에, 진리와 경건에 대해 확실한 지식을 가져야 한다. 그들이 다른 곳으로 가게 될 땐, 분명히 해가 아닌 유익을 줄 수 있는 좋은 사람들과 함께 가도록 해야 한다. 다른 나라들을 경험하고 그 나라의 언어를 배운다거나, 혹은 그보다 더 좋은 이유가 있더라도, 그들을 혼자 보내서는 안된다. 그러므로 여행을 가더라도 로마 가톨릭 국가들로 가지 못하게 하고, 당신이 살고 있는 곳보다 신앙을 더 중요시하는 지역으로 가게 하는 것이 좋다. 많은 부모들이 자녀들을 어릴 때 떠나보낸 것을 깊이 후회한다. 일반적으로 그들은 더 상태가 악화되어 돌아왔고, 마음 속으로 그들을 위해 기도하고 때때로 타이르는 것 외에는 그들을 위해 할 수 있는 일이 없었다. 깊이 뿌리내린 악은 굳게 남아 있는 경향이 있다.

271. 자녀들을 위해 집안에서 마음속으로만 기도하지 말고, 때때로 그들을 불러 함께 기도하는 것이 바람직하다. 그들에게 부족한 은혜들을 보거든 하나님께 같이 간구하라. 그들이 보는 앞에서 하나님과 열심히 씨름하고, 그들도 당신과 함께 기도하게 하라.

272. 항상 자녀들을 가르치고 양육하면서 주께서 그들을 축복하실 때까지 슬퍼하거나 낙담하지 말고 참고 견뎌야 한다. 눈물로 그들을 가르치고 훈계하기를 8~10세까지만이 아니라 18세가 될 때까지 계속 노력하고 애써야 한다. 어떤 유익이나 진전을 보았다고 해서, 마치 당신의 할 일이 다 끝났고 나머지는 하나님이 하셔야 하는 것처럼 생각하면 안 되며 이제는 자녀들이 알아서 하는 일만 남았다는 듯이 주저앉아서도 안 된다. 앞의 규칙들을 통해 알 수 있듯이, 분명 부모들에겐 자녀들의 마음속에 진리의 첫 번째 원리들을 심어주는 것 외에도 해야 할 일이 많다. 또한 당신이 할 수 있는 일을 모두 마쳤을 때는 하나님께서 그 모든 것을 확증하고 확립해주시기를 구하면서 그들을 위해 울며 기도해야 한다.

# 경건을 가르치기 위한 그 밖의 규칙

### ▶성찬을 거룩히 여기고 기도와 묵상으로 준비시키기

주의 성찬예식이 무엇을 의미하며, 그것이 왜 제정되었는지 분명히 설명해주어야 한다. 자녀들이 어릴 때부터 성찬식을 지켜보게 하라. 그 의미를 조금씩 깨닫게 하며, 무슨 일이 일어나는지 보고 그것에 대해 거룩한 생각을 품을 수 있게 하는 일이 중요하다.

### ▶매일 자신을 살피게 하기

자녀와 함께 매일 밤 자신을 살펴야 하는 것들에 대해 긴밀한 대화를 나누어야 한다. 그들이 매일 자백해야 하는 죄들로는 어떤 것들이 있으며, 매일 하나님의 어떤 은혜와 도움과 축복에 대해 감사해야 하는지 스스로 깨달을 수 있도록 도와주라.

### ▶경건한 친구들과 교제 갖도록 하기

경건한 친구들과 좋은 교제를 갖도록 권하고, 자녀들이 악한 것을 배우지 않고 좋은 영향을 받을 수 있는 친구들을 찾아주라. 그들보다 나이가 많고 더 많은 일들을 해낼 수 있는 몇몇 착한 아이들과 어울리게 하면 좋다.

# 10장
# 자녀들의 육체적·물질적 안녕을 위한 규칙

이 장은 부모들이 자녀들의 신체를
잘 돌보기 위한 규칙들을 담고 있다.
또한 자녀에게 재산을 물려줄 때, 자녀를 결혼시킬 때
지켜야 할 규칙들도 소개하고 있다.

●

●

　지금까지는 자녀들에게 경건의 진리와 실천을 가르침으로써 그
들의 영혼의 행복을 위해 부모가 해야 할 일들을 이야기했다. 이제
는 그들의 몸과 육체적 상태의 중요한 것들에 대해 짧게 기록하겠
다. 다음 규칙들은 그들의 삶의 이러한 부분에 적용된다.

　273. 자녀들의 건강에 관심을 가지고 각별한 주의를 기울여야 한
다. 특히 그들이 어려서 아직 자신을 돌볼 수 없을 때는 더욱 관심
을 가져야 한다. 그들이 영양 결핍과 부족한 돌봄으로, 당신이나 타
인의 학대로, 또는 다른 어떤 면으로든지 당신의 잘못으로 인해 건
강을 잃지 않도록 주의하는 것이 마땅하다. 당신이 이 점에서 잘못
하여 그들을 병들게 하거나 사고를 당하게 하거나 불구로 만든다
면, 그것은 하나님을 매우 화나게 하는 일이다. 그분은 그들을 뱃속
에서부터 건강하고 온전한 모습으로 당신에게 주셨다. 동시에 그런

잘못은 자녀들에게 매우 심각하고 끔찍한 일이며 당신의 사랑 없음을 나타낼 뿐만 아니라 부자연스럽고 잔인한 것이다. 그들은 이를 두고 오랫동안 당신을 원망할 수 있다. 물론 실수로 그런 일이 일어나는 것은 다른 문제다. 즉 므비보셋의 경우처럼 분별없고 경솔한 행위와 사랑의 결핍으로 인한 결과가 아닌 경우는 예외이다(삼하 4:4).

274. 자녀들에게 먹을 것과 마실 것을 충분히 주되 규칙적으로 적당히 주어야 한다. 그래야 과식과 폭식으로 건강을 해치지 않으며, 여러 질병과 심지어 때이른 죽음을 예방할 수 있다. 그들이 과식하지 못하게 하여 위장의 자연스러운 소화 과정을 지켜주라. 건강에 좋지 않은 음식, 날것과 덜 익은 과일 및 다른 해로운 것들을 주지말라. 비록 먹자마자 탈이 나서 음식을 토하지 않더라도, 체액이 점차 오염되고 신체의 균형이 흐트러지며, 많은 해로운 질병이 생길 수 있다. 그들에게 질병이 생긴 건 자녀들이 본인 마음에 내키는 대로 먹도록 방치한 부모 탓일 수 있다. 그 결과, 그들은 자기 자식들을 죽이는 경우가 많다. 평범한 음식을 적당히 먹는 습관을 들이고, 이것이 그들에게 유익함을 잘 이해시켜야 한다. 그렇게 하면 다른 '탐욕스러운' 아이들이 걸리는 병에 걸리지 않을 것이다.

그러나 하나님을 경외하고 사랑하는 부모라면 자녀들에게 긴요하고 유익한 음식을 줄 것이라고 확신한다. 우리 구주께서는 "너희 중에 누가 아들이 떡을 달라 하는데 돌을 주며 생선을 달라 하는데 뱀을 줄 사람이 있겠느냐 너희가 악한 자라도 좋은 것으로 자식에게 줄 줄 알거든"(마 7:9-11; 눅 11:11-13)이라고 말씀하신다.

275. 자녀들의 옷 입는 문제에 대해서도 적당히 신경쓰는 것이 옳다. 허영심과 거만한 욕구와 변덕스럽고 경솔하며 세상적인 마음 자세를 가진 아이들이 원하는 것에 맞추지 말고, 당신의 지위와 수입에 걸맞는 옷을 자녀들에게 마련해주어야 한다. 즉, 너무 세련되고 값비싼 옷보다는 적당히 절제된 옷을 입히고, 세상적인 허영심과 유행을 따르지 말아야 한다. 아이들에게 매일 입는 옷들만 주지 말고, 특별한 때에 입을 수 있는 옷들도 줄 필요가 있다. 야곱과 리브가가 에서에게(창 27:15,27), 야곱이 요셉에게(창 37:3) 그렇게 했다.

276. 어느 정도 신뢰할 만한 오락과 게임들은 금지시킬 필요가 없다. 그들에게 이런 것들을 할 시간을 주라. 왜냐하면 그것은 그들의 건강과 명석한 두뇌와 기분전환에 반드시 필요하기 때문이다. 소년, 소녀들이 거리에서 놀 수 있는 것은 축복이다(슥 8:5). 그러나 노는 일에도 그리스도인의 절제와 품위를 고려해야 한다. 자녀들이 노는 데 너무 많은 시간을 보내거나, 너무 많은 오락거리를 찾거나, 노는 데 빠져 공부나 다른 의무를 소홀히하는 일이 없도록 주의시켜야 한다. 특히 카드놀이나 노름, 돈을 걸고 하는 놀이는 못하게 해야 한다.

그들의 나이를 고려할 때, 용돈을 전혀 주지 말라고 말하진 않겠다. 다만 그 돈을 가장 유익하게 사용하도록 분명하게 가르쳐야 한다. 그러므로 용돈을 사탕을 사거나 돈으로 놀이를 하는 데 쓰게 하지 말고, 좋은 책 같은 유익한 물건을 사거나 가난한 사람들에게 베풀게 하는 것이 바람직하다. 자녀들이 재정적으로 너무 엄격하게

Houd gy de Vlieg by 't lyntje vaſt,
Gy maakt u zelf onnutte laſt.

연

연을 날릴 때,
당신은 어린아이 같은 일을 하고 있지요.
하늘 위로 솟구친 연이
아이의 마음을 높이높이 들어올리듯,
모든 한가한 생각들,
신경쓰고 염려하는 모든 돌풍들,
종이처럼 격노하는 것들,
이 모든 것들을 조심스럽게 제어하고 싸워야 하지요.

제어를 받으면, 교활하고 악한 행위에 점점 더 의존하게 되거나 인색해지고 심지어 자기 부모가 죽기를 바라게 될 수도 있다.

277. 자녀들이 병에 걸렸거나 사고로 심한 고통을 겪고 있을 때, 아버지가 자식을 긍휼히 여김 같이(시 103:13) 또는 양육하는 아버지가 젖 먹는 아이를 품듯 그들에게 애정과 동정심을 보일 뿐 아니라 (민 11:12), 또한 약을 주어야 한다. 병자에게는 의사가 필요하지만 건강한 사람에게는 필요 없다. 그리스도께서 육신으로 우리 가운데 오셨을 때, 부모들은 병든 자녀와 심지어 병든 하인까지 그리스도께 데리고 가서 고침을 받게 했다. 당신도 그들의 건강을 위해 열심히, 뜨겁게 기도하고, 자신에게 하듯 그들의 회복을 위해 모든 수단을 사용해야 한다. 또한 그들의 병의 원인일 수도 있는 무절제, 불순종, 하나님을 경외하며 부지런히 섬기지 않은 것 등에 대해 자주 이야기하라. 그들의 건강이 얼마나 소중한 것인지, 우리가 그것에 대해 얼마나 감사해야 하는지, 어떻게 그것을 잘 유지하고 사용해야 하는지 보여주는 것이 중요하다.

278. 자녀들을 위해 정직하고 훌륭하며 유익한 직업을 신중하게 선택해야 한다. 그 안에서 그들은 하나님의 뜻과 조화를 이루어 그들의 장래 후손들에게도 유익을 줄 수 있다. 그들이 아무리 부자여도 직업 없이 빈둥거리며 지내서는 안 된다. 이 점에서 부모들은 지혜롭게 행동하고, 그들의 적성에 맞고 그들 영혼의 구원과 교회와 나라의 공익에 가장 도움이 되는 직업과 생활양식을 택해야 한다. 비록 돈은 많이 벌더라도 그들의 구원과 관련하여 유혹과 장애물이

많은 직업은 택하지 말아야 한다. 반대로 그들에게 영원한 것들에 대해 생각할 여유를 주고, 선한 것을 주고받을 적절한 기회를 제공하는 직업을 택하는 것이 좋다.

이와 관련하여, 부모들은 자녀들의 능력과 흥미에 주의를 기울여야 한다. 모두가 무슨 일이든 할 수 있는 것은 아니기 때문이다. 솔로몬은 비록 아이라도 그 동작으로 품행이 청결한지 정직한지를 나타낸다고 말한다(잠 20:11). 주님은 몇몇 아이들에게 어릴 때부터 특별한 재능을 주신다. 명석한 두뇌, 좋은 기억력, 언어적 재능 같은 것들이다. 이러한 재능을 뒤뜰에 묻어두어서는 안 된다. 그것은 다른 아이들에겐 없는 재능이다. 어떤 아이들은 학자의 길을 따르며 특별한 전문 기술을 배울 수 있고, 반면에 다른 아이들은 평범한 장사를 배울 수 있다. 누구도 자녀에게 그들의 능력과 의지와 반대되는 직업을 강요해서는 안 된다. 훌륭한 일들을 할 수 있었던 아이들이 하찮고 평범한 직업에 만족해야 하는 것은 정말 유감스러운 일이다. 그러므로 자녀들이 이 평범한 세상에서 가능한 한 가장 좋은 출발을 하게 하라. 자녀들이 교회와 국가에서 선한 일을 많이 하면, 그것은 또한 부분적으로 부모의 신용을 쌓을 것이다.

자녀들이 공부에 타고난 재능이 있고, 게다가 확실한 은혜와 경건의 은사까지 나타난다면, 목사님의 지도를 받게 할 것을 권한다. 특히 여기서 주목할 만한 것은 한나의 예이다. 그녀는 자기 아들 사무엘을 일찍부터 구별하여 엘리의 가르침을 받게 함으로써 그를 하나님께 드렸다(삼상 1:24-28). 만일 하나님께서 당신의 자녀 중 한 명을 택하여 말씀 사역과 그의 일과 교회를 위해 사용하신다면 얼마나 큰 은혜일지 생각해보라. 바울은 이것을 기뻐하여 이렇게 외쳤다. "나를 능하게 하신 그리스도 예수 우리 주께 내가 감사함은 나를 충성되이 여겨 내게 직분을 맡기심이니"(딤전 1:12). 주님은 그것을, 이스라엘 백성을 애굽에서 구하신 것과 가나안 족속을 멸망시키신 은혜와 함께 이스라엘에게 주신 가장 크고 놀라운 은혜로 여기셨다. "또 너희 아들 중에서 선지자를 너희 청년 중에서 나실인을 일으켰나니 이스라엘 자손들아 과연 그렇지 아니하냐 이는 여호와의 말씀이니라"(암 2:11). 교회의 사자, 그리스도의 대사, 선물을 나누어주는 자, 그리스도의 몸을 세우는 하나님의 동역자가 되는 것은 결코 작은 일이 아니다(겔 3:17; 고전 3:9; 4:1; 고후 5:20; 엡 4:11-12; 계 2:2).

279. 자녀들에게 재산을 물려주는 일에 너무 마음을 두는 것은 좋지 않다. 물론 그들을 위해 어느 정도 재물을 모아둘 수는 있다(고후 12:14). 그러나 그들을 부자로 만들기 위해 지나치게 애쓸 필요는 없다. 당신은 그들을 부유해지게 만들 수 있겠지만 그들은 너무 많은 재산을 가졌을 때 결코 행복하지 않다. 왜냐하면 그것을 잘 사용하기 위해서는 많은 은혜가 필요하기 때문이다. 배에 바닥짐(배의 안정을 위해 바닥에 싣는 돌이나 모래)보다 돛이 더 많으면 어떤 바람에도 쉽게 뒤집힐 수 있다. 즉, 재산만 많고 성결이 없는 것은 항독소가 거의 없는 강한 독과 같다. 자식을 위해 많은 물질을 쌓아두는 사람들은 결국 그들 앞에 많은 덫을 놓아 큰 고통을 주는 것이다.

아굴의 기도가 당신 자신과 자녀들을 위한 기도가 되어야 한다.

## HET KIND GAAT OP EEN AMBACHT.

Zoekt gy een weg voor 's ligchaams nood,
De Ziel roept om het Hemels brood.

## 일을 배우는 아이

먹고 살 방도를 배우려고 할 때
네 영혼은 천국이 주의를 기울일 때까지 소리친다.
자라는 아이는 그렇게 일을 배운다.
그것이 이 땅의 사명에서의 성공을 위한
기초가 되기 때문이다.
그러나 우리의 일이 참된 덕목을 잊어버린다면,
그렇게 보내는 우리의 시간은 그저 무익하고,
단지 공허한 지위만 낳게 된다.

"나를 가난하게도 마옵시고 부하게도 마옵시고 오직 필요한 양식으로 나를 먹이시옵소서"(잠 30:8). 자녀들이 직업을 가지고 있고 일을 해서 먹고 살 만큼 재산을 소유하고 있는 것이 부유하여 일하지 않고 사는 것보다 더 낫다. 자녀들의 '산'이 확고히 세워져, 마치 하나님의 섭리와 축복이 필요하지 않은 것처럼 보일 때까지 당신이 그들을 돌보아야 한다고 생각하지 말라. 그들에게 돈과 재물 대신 기도의 큰 보물을 물려주는 것이 옳다(시 16편; 90편; 144편). 금이 가득한 금고보다 기도로 충만한 집이 더 좋다.

280. 자녀들에게 물려줄 유산과 관련하여 두 가지 큰 죄를 조심해야 한다. 먼저, 자녀들을 위해 재산을 모아야 한다는 이유로 가난한 자들에게 나누어주어야 할 몫을 아끼면 안 된다. 많이 주는 자가 많이 받는다. 가난한 자를 불쌍히 여기는 것은 여호와께 꾸어 드리는 것이다(잠 19:17). 은혜를 베풀며 꾸어 주는 자, 그 일을 정의로 행하는 자, 재물을 흩어 빈궁한 자에게 나누어주는 자는 잘되며 그 의가 영원히 있을 것이다(시 112:5, 9). 그들의 자녀들은 복을 받을 것이다. 즉, 그들은 버림을 당하거나 걸식하지 않을 것이다(시 37:25).

과도한 재물은 곧 불행이다. 교회나 가난한 자들이 그것을 필요로 할 때, 후히 나누어주어야 한다. 씨를 많이 뿌리는 자들은 많이 거둘 것이나, 적게 뿌리는 자는 적게 거둘 것이다(고후 9:6). 관대한 사람은 관대한 행동을 권하고 강조한다. 그의 자녀들은 복이 있다. 그는 종일 동정심을 품고 빌려주며, 그의 자손들은 다른 사람들에게 축복이 된다.

둘째, 부정한 수단으로 얻은 재산을 자녀들에게 맡기지 않도록 주의해야 한다. 왜냐하면 그들은 당신의 재산과 당신이 남겨준 모든 재산을 다 써버릴 것이기 때문이다. 그것은 암이나 녹과 같은 것이다. 자녀들에게 오직 당신의 것만 맡기라. 그렇지 않으면 그들은 머지않아 그것을 다 탕진할 것이다. 솔로몬은 "불의의 재물은 무익하여도"(잠 10:2)라고 말한다. 그것에는 주님의 저주가 임한다. 그러므로 압제와 사기, 폭력이나 부정에 의해, 또는 안식일을 어김으로써 그들을 위해 재산을 모으면 안 된다.

하박국의 다음 말씀을 기억하라. "재앙을 피하기 위하여 높은 데 깃들이려 하며 자기 집을 위하여 부당한 이익을 취하는 자에게 화 있을진저 네가 많은 민족을 멸한 것이 네 집에 욕을 부르며 네 영혼에게 죄를 범하게 하는 것이 되었도다 담에서 돌이 부르짖고 집에서 들보가 응답하리라"(합 2:9-11).

281. 당신의 재산을 자녀들에게 나누어주거나 맡길 때, 불공평하게 나누어주지 말아야 한다. 당신이 죽을 때 한 자녀에게 다른 자녀들보다 좀 더 많이 물려주거나, 일생 동안 한 자녀에게 다른 자녀들보다 더 많이 줄 수도 있다. 그러나 그 이유가 분명하고 합당해야 한다. 맏이는 두 배의 몫을 받는 경향이 있으나, 하나님과 부모를 거역하는 자녀는 이 문제에서 자신의 죄의 결과를 뼈저리게 깨달아야 한다. 부모는 자녀들이 하나님에 대해, 당신에 대해, 다른 사람들에 대해 어떻게 행동하는지 주의 깊게 살펴야 한다. 잘한 일은 상을 받고 잘못한 일은 벌을 받아야 한다. 그러나 질투를 예방하기 위해, 모

든 자녀들을 분명히 대등하게 대해야 한다. 부모는 모든 자녀들을 끔찍이 사랑하기 때문이다. 당신이 그들에 대해 아는 바에 따라, 당신 뜻대로 많은 축복과 경고와 훈계를 주어야 한다.

282. 자녀들이 결혼할 마음이 있으면 적당한 때에 좋은 짝을 만나 결혼하도록 해주어야 한다. 자녀들이 절제의 은사가 없는데 결혼을 오래 미루고 막는 것은 매우 해롭고 분별없는 행동이며, 그들을 많은 유혹으로 이끌 뿐이다. 선지자는 이렇게 말했다. "너희 아들이 아내를 맞이하며 너희 딸이 남편을 맞아 그들로 자녀를 낳게 하여"(렘 29:6). 그리고 바울은 이렇게 기록했다. "누가 자기의 약혼녀에 대한 행동이 합당하지 못한 줄로 생각할 때에 그 약혼녀의 혼기도 지나고 그같이 할 필요가 있거든 원하는 대로 하라 그것은 죄 짓는 것이 아니니 그들로 결혼하게 하라"(고전 7:36).

두 가지를 좀 더 주의 깊게 살펴보자. 첫째, 반드시 자녀들이 주 안에서, 오직 주 안에서 결혼하게 하라(고전 7:39). 이는 주님을 기쁘시게 하고 경건 안에서 성장하는 삶을 위해 필요하다. 그러므로 다른 종교를 가진 사람과 결혼시키면 안 된다. 특히 로마교회에 속한 사람과 결혼시키지 말라. 로마교회에 속한 사람과 결혼하는 개혁교회 교인은 십중팔구 무신론자가 된다. 오직 경건하고 하나님을 경외하는 사람과 결혼시켜야 한다. 지위와 명예, 부, 외모를 너무 중시하지 말라. 이러한 것들을 가지고 있으면서 동시에 하나님을 경외하는 사람은 찾기 힘들다. 그러나 당신이 부자라면, 자녀들을 당신 마음에 드는 사람과 결혼시킬 가능성이 크다. 자녀들과 함께 매우 평안하게, 기쁜 마음으로 덕을 쌓으며 살아갈 경건하고 은혜가 충만한 사람을 택하는 것이 옳다. 그렇지 않으면 그들은 결혼으로 인해 가장 비참한 상태에 처하게 될 수 있다.

솔로몬은 이렇게 말한다. "여호와를 경외하는 것은 사람으로 생명에 이르게 하는 것이라 경외하는 자는 족하게 지내고 재앙을 당하지 아니하느니라"(잠 19:23). "고운 것도 거짓되고 아름다운 것도 헛되나 오직 여호와를 경외하는 여자는 칭찬을 받을 것이라"(잠 31:30). "슬기로운 아내는 여호와께로서 말미암느니라"(잠 19:14).

둘째, 자녀들이 매력이나 애정을 느끼지 않는 사람과 결혼시키지 않아야 한다. 비록 더 많은 재산과 더 좋은 출세의 기회를 노리고 그들과 결혼시키고 싶은 마음이 들더라도 그러면 안 된다. 또한 자녀들이 자기가 사랑하는 사람과 결혼하려 할 때, 하나님 앞에서 그들을 말려야 할 합당한 이유가 없는 한 그들을 막지 않는 것이 바람직하다. 선택은 자녀들에게 맡기되, 때때로 그들을 따로 불러 그 문제에 대해 이야기를 나누도록 하라. 서로 사랑하여 결혼하기 원하는 자들을 세속적인 이유로 반대하면 안 된다. 특히 그들의 마음이 서로 결속되었고 약속까지 했을 때는[1] 그러지 말아야 한다.

---

1. 우리가 이해하는 한 약혼에 필적함.

# 자녀들의 육체적 · 물질적 안녕을 위한 규칙

### ▶자녀의 건강에 관심 갖기

자녀들에게 먹을 것과 마실 것을 충분히 주되 규칙적으로 적당히 주어야 한다. 그들이 과식하지 못하게 하고 위장의 자연스러운 소화 과정을 해치지 말라. 건강에 좋지 않은 음식, 날것과 덜 익은 과일 및 다른 해로운 것들을 주지 말라. 평범한 음식을 적당히 먹는 습관을 들이고, 이것이 그들에게 유익하다는 것을 잘 이해시키라.

### ▶사랑하는 사람과 결혼하도록 허락하기

자녀들이 자기가 사랑하는 사람과 결혼하려 할 때, 하나님 앞에서 그들을 말려야 할 합당한 이유가 없는 한 막지 않는 것이 바람직하다. 선택은 자녀들에게 맡기되 때때로 그들을 따로 불러 그 문제에 대해 이야기를 나누도록 하라. 서로 사랑하여 결혼하기 원하는 자들을 세속적인 이유로 반대하면 안 된다. 특히 그들의 마음이 서로 결속되었고 약속까지 했을 때는 그러지 말아야 한다.

### ▶돈을 유익하게 사용하도록 가르치기

자녀의 나이를 고려할 때, 용돈을 전혀 주지 말라고 말하진 않겠다. 다만 그 돈을 가장 유익하게 사용하도록 분명히 가르쳐야 한다. 사탕을 사거나 돈으로 놀이를 하는 데 쓰게 하지 말고, 좋은 책과 같은 유익한 물건을 사게 하거나 가난한 사람들에게 베푸는 습관을 기르도록 하라.

**개혁된 실천 시리즈** ─────────

## 1. 조엘 비키의 교회에서의 가정
**설교 듣기와 기도 모임의 개혁된 실천**
조엘 비키 지음 | 유정희 옮김

이 책은 가정생활의 두 가지 중요한 영역에 대한 실제적 지침을 포함하고 있다. 첫째, 공예배를 위해 가족들을 어떻게 준비시켜야 하는지, 설교 말씀을 어떻게 받아야 하는지, 그 말씀을 어떻게 실천해야 하는지 설명한다. 둘째, 기도 모임이 교회의 부흥과 얼마나 관련이 깊은지 역사적으로 고찰하면서, 기도 모임의 성경적 근거를 제시하고, 그 목적을 설명하며, 나아가 바람직한 실행 방법을 설명한다.

## 2. 존 오웬의 그리스도인의 교제 의무
**그리스도인의 교제의 개혁된 실천**
존 오웬 지음 | 김태곤 옮김

이 책은 그리스도인 상호 간의 교제에 대해 청교도 신학자이자 목회자였던 존 오웬이 저술한 매우 실천적인 책으로서, 이 책에서 우리는 청교도들이 그리스도인의 교제를 얼마나 중시했는지 엿볼 수 있다. 이 책은 그리스도인의 교제에 대한 핵심 원칙들을 담고 있다. 교회 안의 그룹 성경공부에 적합하도록 각 장 뒤에는 토의할 문제들이 부가되어 있다.

## 3. 개혁교회의 가정 심방
**가정 심방의 개혁된 실천**
피터 데 용 지음 | 조계광 옮김

목양은 각 멤버의 영적 상태를 개별적으로 확인하고 권면하고 돌보는 일을 포함한다. 이를 위해 교회는 역사적으로 가정 심방을 실시하였다. 이 책은 외국 개혁교회에서 꽃피웠던 가정 심방의 실제 모습을 보여주며, 한국 교회 안에서 행해지는 가정 심방의 개선점을 시사해준다.

## 4. 네덜란드 개혁교회의 자녀양육
**자녀양육의 개혁된 실천**
야코부스 꿀만 지음 | 유정희 옮김

이 책에서 우리는 17세기 네덜란드 개혁교회 배경에서 나온 자녀양육법을 살펴볼 수 있다. 경건한 17세기 목사인 야코부스 꿀만은 자녀양육과 관련된 당시의 지혜를 한데 모아서 구체적인 282개 지침으로 꾸며 놓았다. 부모들이 이 지침들을 읽고 실천하면 큰 도움을 받을 수 있게 하였다. 의도는 선하더라도 방법을 모르면 결과를 낼 수 없다. 우리 그리스도인 부모들은 구체적인 자녀양육 방법을 배우고 실천해야 한다.

## 5. 신규 목회자 핸드북
제이슨 헬로포울로스 지음 | 리곤 던컨 서문 | 김태곤 옮김

이 책은 새로 목회자가 된 사람을 향한 주옥같은 48가지 조언을 담고 있다. 리곤 던컨, 케빈 드영, 앨버트 몰러, 알리스테어 베그, 팀 챌리스 등이 이 책에 대해 극찬하였다. 이 책은 읽기 쉽고 매우 실천적이며 유익하다.

## 6. 신약 시대 신자가 왜 금식을 해야 하는가
**금식의 개혁된 실천**
대니얼 R. 하이드 지음 | 김태곤 옮김

금식은 과거 구약 시대에 국한된, 우리와 상관없는 실천사항인가? 신약 시대 신자가 정기적인 금식을 의무적으로 행해야 하는가? 자유롭게 금식할 수 있는가? 금식의 목적은 무엇인가? 이 책은 이런 여러 질문에 답하면서, 이 복된 실천사항을 성경대로 회복할 것을 촉구한다.

## 7. 개혁교회 공예배
**공예배의 개혁된 실천**
대니얼 R. 하이드 지음 | 이선숙 옮김

많은 신자들이 평생 수백 번, 수천 번의 공예배를 드리지만 정작 예배에 대해서 제대로 이해하지 못하는 경우가 많다. 당신은 예배가 왜 지금과 같은 구조와 순서로 되어 있는지 이해하고 예배하는가? 신앙고백은 왜 하는지, 목회자가 왜 대표로 기도하는지, 말씀은 왜 읽는지, 축도는 왜 하는지 이해하고 참여하는가? 이 책은 분량은 많지 않지만 공예배의 핵심 사항들에 대하여 알기 쉽게 알려준다.

## 8. 아이들이 공예배에 참석해야 하는가
**아이들의 예배 참석의 개혁된 실천**
대니얼 R. 하이드 지음 | 유정희 옮김

아이들만의 예배가 성경적인가? 아니면 아이들도 어른들의 공예배에 참석해야 하는가? 성경은 이에 대해 무엇을 말하는가? 아이들의 공예배 참석은 어떤 유익이 있으며 실천적인 면에서 주의할 점은 무엇인가? 이 책은 아이들의 공예배 참석 문제에 대해 성경을 토대로 돌아보게 한다.

## 9. 마음을 위한 하나님의 전투 계획
**청교도가 실천한 성경적 묵상**
데이비드 색스톤 지음 | 조엘 비키 서문 | 조계광 옮김

묵상하지 않으면 경건한 삶을 살 수 없다. 우리 시대에 일어나고 있는 일이 바로 이것이다. 오늘날은 명상에 대한 반감으로 묵상조차 거부한다. 그러면 무엇이 잘못된 명상이고 무엇이 성경적 묵상인가? 저자는 방대한 청교도 문헌을 조사하여 청교도들이 실천한 묵상을 정리하여 제시하면서, 성경적 묵상이란 무엇이고, 왜 묵상을 해야 하며, 어떻게 구체적으로 묵상을 실천하는지 알려준다. 우리는 다시금 이 필수적인 실천사항으로 돌아가야 한다.

## 10. 장로와 그의 사역
**장로 직분의 개혁된 실천**
데이비드 딕슨 지음 | 김태곤 옮김

장로는 무슨 일을 하는 사람인가? 스코틀랜드 개혁교회 장로에게서 장로의 일에 대한 조언을 듣자. 이 책은 장로의 사역에 대한 지침서인 동시에 남을 섬기는 삶의 모델을 보여주는 책이다. 이 책 안에는 비단 장로뿐만 아니라 모든 그리스도인이 본받아야 할, 섬기는 삶의 아름다운 모델이 담겨 있다. 이 책은 따뜻하고 영감을 주는 책이다.

## 11. 북미 개혁교단의 교회개척 매뉴얼
**URCNA 교단의 공식 문서를 통해 배우는 교회개척 원리와 실천**
이 책은 북미연합개혁교회(URCNA)라는 개혁 교단의 교회개척 매뉴얼로서, 교회개척의 첫걸음부터 그 마지막 단계까지 성경의 원리에 입각한 교회개척 방법을 가르쳐준다. 모든 신자는 함께 교회를 개척하여 그리스도의 나라를 확장해야 한다.

## 12. 예배의 날
**제4계명의 개혁된 실천**
라이언 맥그로우 지음 | 조계광 옮김

제4계명은 십계명 중 하나로서 삶의 골간을 이루는 중요한 계명이다. 하나님의 뜻을 따르는 우리는 이를 모호하게 이해하고, 모호하게 실천하면 안 되며, 제대로 이해하고, 제대로 실천해야 한다. 이를 위해 우리는 이 계명의 참뜻을 신중하게 연구해야 한다. 이 책은 가장 분명한 논증을 통해 제4계명의 의미를 해석하고 밝혀준다. 하나님은 그날을 왜 제정하셨나? 그날은 얼마나 복된 날이며 무엇을 하면서 하나님의 복을 받는 날인가? 교회사에서 이 계명은 어떻게 이해되었고 어떤 학설이 있고 어느 관점이 성경적인가? 오늘날 우리는 이 계명을 어떻게 지킬 것인가?

## 13. 질서가 잘 잡힌 교회(근간)
**교회 생활의 개혁된 실천**

윌리암 뵈케슈타인, 대니얼 하이드 공저

이 책은 두 명의 개혁파 목사가 교회에 대해 저술한 책이다. 이 책은 기존의 교회성장에 관한 책들과는 궤를 달리하며, 교회의 정체성, 교회 안의 다스리는 권위 체계, 교회와 교회 간의 상호 관계, 교회의 사명 등 네 가지 영역에서 성경적 원칙이 확립되고 '질서가 잘 잡힌 교회'가 될 것을 촉구한다. 이 네 영역 중 하나라도 잘못되고 무질서하면 그만큼 교회의 삶은 혼탁해지며 교회는 약해지게 된다. 어떤 기관이든 질서가 잘 잡혀야 번성하며, 교회도 예외가 아니다.

## 14. 장로 직분 이해하기(근간)
**모든 성도가 알아야 할 장로 직분**

제랄드 벌고프, 레스터 데 코스터 공저

하나님은 복수의 장로를 통해 교회를 다스리신다. 복수의 장로가 자신의 역할을 잘 감당해야 교회 안에 하나님의 통치가 제대로 편만하게 미친다. 이 책은 그토록 중요한 장로 직분에 대한 성경의 가르침을 정리하여 제공한다. 이 책의 원칙에 의거하여 오늘날 교회 안에서 장로 후보들이 잘 양육되고 있고, 성경이 말하는 자격요건을 구비한 장로들이 성경적 원칙에 의거하여 선출되고, 장로들이 자신의 감독과 목양 책임을 잘 수행하고 있는가? 우리는 장로 직분을 바로 이해하고 새롭게 실천하여야 할 것이다. 이 책은 비단 장로만을 위한 책이 아니라 모든 성도를 위한 책이다. 성도는 장로를 선출하고 장로의 다스림에 복종하고 장로의 감독을 받고 장로를 위해 기도하고 장로의 직분 수행을 돕고 심지어 장로 직분을 사모해야 하기 때문에 장로 직분에 대한 깊은 이해가 필수적이다.

## 15. 집사 직분 이해하기(근간)
**모든 성도가 알아야 할 집사 직분**

제랄드 벌고프, 레스터 데 코스터 공저

하나님의 율법은 교회 안에서 곤핍한 자들, 외로운 자들, 정서적 필요를 가진 자들을 따뜻하고 자애롭게 돌볼 것을 명한다. 거룩한 공동체 안에 한 명도 소외된 자가 없도록 이러한 돌봄이 잘 이루어져야 한다. 이 일은 기본적으로 모든 성도가 힘써야 할 책무이지만 교회는 특별히 이 일에 책임을 지고 감당하도록 집사 직분을 세운다. 오늘날 율법의 명령이 잘 실천되어 교회 안에 사랑과 섬김의 손길이 구석구석 미치고 있는가? 우리는 집사 직분을 바로 이해하고 새롭게 실천하여야 할 것이다. 그것은 교회 공동체를 향한 하나님의 거룩한 뜻이다.

## 16. 건강한 교회 만들기(근간)
**생기 넘치는 교회 생활과 사역을 위한 성경적 전략**

도널드 맥네어, 에스더 미크 공저, 브라이언 채플 서문

이 책은 미국 P&R 출판사에서 출간된 책으로서, 교회라는 주제를 다룬다. 저자는 교회를 재활성화시키는 것을 돕는 컨설팅 분야에서 일하면서, 많은 교회의 문제점을 진단하고 개선을 유도하면서 교회들을 섬겼다. 교회 생활과 사역은 침체되어 있으면 안 되며 생기가 넘쳐야 한다. 저자는 탁상공론을 하지 않는다. 이 책에서 그는 교회의 관행과 관련된 여러 가지 실제적 문제점을 진단하고, 그 개선책을 제시하면서, 생기 넘치는 교회 생활과 사역을 위한 실천적 방법을 명쾌하게 예시한다. 그 방법은 인위적이지 않으며 성경에 근거한 지혜를 담고 있다.